QUEL SENS DONNER À SA VIE ?

ÉVOLUTION

Des livres pour vous faciliter la vie !

Maurice BARTHÉLEMY et Charlotte WILS
Fort comme un hypersensible

Fabrice MIDAL
50 méditation pour mieux s'aimer

Christophe BOURGOIS-COSTANTINI
Les Secrets de vos 10 intelligences pour redonner du sens à votre vie

Fabrice MIDAL
Suis-je hypersensible ?

Amandine HANCEWICZ et Manuela SPINELLI
Éduquer sans préjugés

Pema CHÖDRÖN
Entrer en amitié avec soi-même

STEVE
Karma-sutra – Transforme-toi, tu transformeras ton histoire

Lise BOURBEAU
Qui es-tu ?

Habib SADEGHI
Détox spirituelle

Olga MECKING
Le Livre du niksen

Grand bien vous fasse !
Quel sens donner à sa vie ?

Grand bien vous fasse !

Ali Rebeihi

Christilla Pellé-Douël

QUEL SENS DONNER À SA VIE ?

PRISMA MEDIA / FRANCE INTER

MIXTE
Papier issu de sources responsables
FSC® C003309
www.fsc.org

L'éditeur de cet ouvrage s'engage dans une démarche de certification FSC® qui contribue à la préservation des forêts pour les générations futures.

Pour en savoir plus :
www.editis.com/engagement-rse/

ISBN : 978-2-266-32427-4
Dépôt légal : mai 2022

ÉDITO

L'un des grands enseignements de la pandémie est d'avoir révélé notre fragilité. Une fragilité individuelle et collective.

Le silence du premier confinement, les cohabitations parfois difficiles, le stress et l'anxiété liés à la situation ont fait surgir des interrogations sur le sens que nous entendons donner à notre existence. Des questions fondamentales enfouies par nos vies surchargées.

D'où venons-nous ? Que sommes-nous ? Où allons-nous ? Subitement, ce que nous pensions solide se dérobait sous nos pieds, avec parfois un sentiment de déperdition, la remise en question de notre travail, de notre mode de vie, de nos relations affectives, familiales… Et nombre d'entre nous ont ressenti l'impérieux besoin de changer : quitter une grande ville bruyante, engorgée et polluée, embrasser une nouvelle activité, un nouveau métier…

Mais comment expliquer notre capacité à tout remettre en question ? Pour le philosophe Frédéric Lenoir, elle est inhérente à tous les êtres humains : tant que nous vivrons sur notre planète, nous chercherons un sens à notre vie, à comprendre les raisons de notre présence sur Terre. Poussés par notre cerveau, nous explorons sans cesse, nous explique dans ce numéro le neuroscientifique Sébastien

Bohler: depuis nos origines, nous éprouvons l'impérieux besoin d'anticiper pour nous adapter à notre environnement afin d'assurer notre survie. Et lorsque le sens nous échappe, quand nous sommes face à un bouleversement, à un drame, nous sommes perdus, à l'instar de la dessinatrice Coco, confrontée à l'attentat de *Charlie Hebdo*, qui intervient dans ce numéro avec Cyril Dion, Charles Pépin ou Marie-France Hirigoyen.
Tous ces spécialistes, psychiatres, scientifiques, artistes, philosophes, ouvrent de jolis chemins pour nous retrouver et choisir une vie cohérente, en accord avec notre « moi » profond, une vie à nouveau pleine de saveurs et de couleurs.
Bonne et heureuse lecture !

Ali Rebeihi

QUEL SENS DONNER À SA VIE ?

POURQUOI CHERCHONS-NOUS DU SENS ? 11

L'évolution nous a dotés d'un cerveau complexe et de capacités d'anticipation et de questionnement qui ont contribué à la prédominance des humains sur la Terre. Aujourd'hui, il n'est plus question de chasse mais de s'adapter aux changements du monde et de tenter de répondre à nos questionnements.

L'éclairage de Sébastien Bohler

« NOTRE BESOIN DE SENS EST UN BESOIN PHYSIOLOGIQUE. » 19

CURIOSITÉS

À lire : *Où est le sens ?* 30

FOCUS

L'AMOUR DONNE-T-IL DU SENS À LA VIE ?

PAR CHARLES PÉPIN 35

CURIOSITÉS

Paroles d'auditeurs, mots d'invités 43

L'HOMME EST UN ANIMAL MÉTAPHYSIQUE 49

« L'homme n'est qu'un roseau, le plus faible de la nature, mais c'est un roseau pensant », écrivait Blaise Pascal. Paradoxe apparent. C'est là qu'est notre force : nous ne cessons de nous interroger sur le sens de notre fragilité, de notre finitude. Une quête qui est notre dignité.

À LA RENCONTRE DE… AÏDA N'DIAYE 60

CURIOSITÉS
Paroles de philosophes 65

L'éclairage de Laurence Devillairs
« VIVRE C'EST DONNER DU SENS. » 71

CURIOSITÉS
Paroles d'auditeurs, mots d'invités 81

FOCUS
LA SPIRITUALITÉ EST-ELLE NÉCESSAIRE POUR DONNER DU SENS À SA VIE ?
PAR FRÉDÉRIC LENOIR 87

CURIOSITÉS
À lire : *Les Chemins du sacré* 94

RETROUVER DU SENS AU TRAVAIL 95

Si le travail est souvent synonyme de contrainte, il est aussi – ou devrait être – synonyme d'épanouissement, en particulier lorsque notre tâche a du sens. Face aux évolutions du monde, nous sommes nombreux aujourd'hui à chercher une nouvelle signification à notre activité professionnelle.

À LA RENCONTRE DE... DAVID GRAEBER **106**

L'éclairage de Christophe Dejours
« LE TRAVAIL EST L'OCCASION DE SE METTRE
À L'ÉPREUVE ET D'EN SORTIR GRANDI. » 109

À LA RENCONTRE DE... MARIE-FRANCE HIRIGOYEN **116**

CURIOSITÉS
Engagement, témoignages 121

L'EXPRESSION ARTISTIQUE : UNE NÉCESSITÉ ? 127

La culture sous toutes ses formes est, sous toutes les latitudes, ce qui nous permet de donner – et parfois de trouver – un sens à notre existence. C'est une donnée anthropologique : nous cherchons, sans cesse.
Avec la littérature, la musique ou la peinture, nous tentons d'organiser, de comprendre le pourquoi de la vie.

L'éclairage d'Alberto Manguel
« LA LECTURE ÉTEND NOTRE EXPÉRIENCE
DE LA VIE ET L'APPROFONDIT. » 133

L'éclairage de Coco
« SI JE N'AVAIS PAS EU LE DESSIN, JE N'AURAIS
SANS DOUTE PAS PU REMONTER LA PENTE. » 140

COMMENT RENOUER AVEC LA NATURE ? 147

Avec le développement des techniques, nous avons peu à peu oublié que nous ne sommes pas des êtres extérieurs à la nature ou qui lui seraient supérieurs : que nous l'acceptions ou non, nous faisons partie de la nature. Une prise de conscience qui nous permet de savoir quelle est notre place et ce que nous sommes : des êtres vivants, parmi tous les autres.

CURIOSITÉS
À lire : *Les Émotions de la terre* 151

L'éclairage de Cyril Dion
« IL FAUT ACCEPTER D'ÊTRE TOUCHÉ PAR L'ÉTAT DU MONDE AVANT DE POUVOIR AGIR. » 156

CURIOSITÉS
À lire : *Manières d'être vivant* 162

L'évolution nous a dotés d'un cerveau complexe et de capacités d'anticipation et de questionnement qui ont contribué à la prédominance des humains sur la Terre.

POURQUOI CHERCHONS-NOUS DU SENS ?

Aujourd'hui, il n'est plus question de chasse mais de s'adapter aux changements du monde et de tenter de répondre à nos questionnements.

NOTRE BESOIN DE SENS EST IMPOSSIBLE À RASSASIER[1]

Jusqu'au xxe siècle, certes la vie n'était pas facile pour tout le monde (et en particulier pour les paysans, qui composaient 80 % de la population), mais nous vivions dans un monde cohérent : les saisons se succédaient en un ordre immuable, les sociétés organisées imposaient à chacun de savoir quelle était sa place – ce qui était source d'injustices et de misères, il ne s'agit pas de se livrer à une stupide nostalgie ! –, les religions proposaient une explication de l'univers et de notre présence sur la Terre. Personne ne pouvait imaginer que le monde que nous connaissions risquait de disparaître, par notre faute ! Certes, exploitation, violence et injustice rendaient la vie dure et souvent dramatique. Mais les hommes n'étaient pas confrontés à une absurdité fondamentale, existentielle, telle qu'un auteur de génie, Samuel Beckett, l'a parfaitement perçue. Et il n'est pas le seul. (Notons que le théâtre et la littérature de l'absurde ont vu le jour à la sortie de la Seconde Guerre mondiale et dans les années 1950, années de la menace nucléaire et de la guerre froide.) Un monde où seuls, désormais, comptent surconsommation, individualisme et exploitation jusqu'à l'épuisement des ressources et du monde vivant. Un monde dont, pour la première fois depuis que l'humain existe, nous ne sommes pas sûrs qu'il existera encore dans deux cents ans. Cette situation vertigineuse est source d'angoisses.

Or notre cerveau n'est pas fait pour vivre dans une inquiétude et une incertitude permanentes. Au contraire, l'incertitude, l'incohérence et l'absurdité sont des menaces mortelles pour les humains. Sébastien Bohler (voir entretien p. 19),

1. Pour paraphraser le titre du célèbre petit livre de Stig Dagerman, *Notre besoin de consolation est impossible à rassasier*, Actes Sud, 1993.

auteur et docteur en neurosciences, souligne dans son livre *Où est le sens ?* que l'absurdité est à ce point insupportable à notre cerveau que le cortex cingulaire, affolé, cherche à tout prix à rétablir une cohérence, parfois un peu n'importe comment : « [Il] va s'arranger pour restaurer de la certitude à de plus petites échelles, puisqu'il ne peut le faire à celle, plus globale, de son existence. Et il le fera en adoptant des comportements court-termistes. Ces états de restauration ponctuelle de l'ordre, que l'on pourrait appeler moments de "micro-certitudes", permettent de compenser l'absence globale de certitudes par de courtes phases pendant lesquelles les événements s'enchaînent de façon prévisible et rassurante. »

N'EST-CE PAS CE À QUOI NOUS ASSISTONS DANS LA CRISE DE LA COVID ET FACE À LA VACCINATION ?

Lorsque l'épidémie débute, en novembre 2019 en Chine, à Wuhan (pour autant qu'on le sache), l'angoisse ne gagne pas encore le monde. C'est lorsque l'OMS et la Chine révèlent, en décembre, l'existence d'une épidémie de pneumonie virale que l'inquiétude commence à surgir. La maladie s'emballe et gagne le monde. L'Italie, d'abord, puis peu à peu le reste du continent européen et de la planète : le monde se confine. La sidération et l'incompréhension se manifestent un peu partout. L'humanité n'avait pas connu une telle épidémie depuis la grippe espagnole de 1918. Les équipes médicales sont dans l'expectative quant à la nature du virus, ses causes et bien sûr ses traitements. Le nombre de morts augmente dramatiquement : en 2020, officiellement 1,8 million de personnes avaient succombé à la Covid. Un chiffre sous-estimé selon l'OMS, qui évalue à l'époque le nombre des victimes à environ 3 millions.

Face à une catastrophe d'une telle ampleur, les réactions ne tardent pas à se manifester : colère face aux mesures prises mais aussi doutes, soupçons... De nombreuses personnes, devant l'énormité de l'événement, devant son absence de sens (ce qui est la définition même d'une catastrophe naturelle), et ne pouvant se contenter des interrogations exprimées par les scientifiques, cherchent des réponses ailleurs. Les théories les plus fumeuses, les plus stupides se mettent alors à fleurir sur les réseaux sociaux et dans les médias. Les conspirationnistes s'en donnent à cœur joie. Parfaite démonstration de notre besoin permanent de trouver des causes et des raisons à ce qui se passe, afin de calmer l'affolement de notre cortex cingulaire. Un des exemples les plus frappants fut celui, en France, de la sortie du film conspirationniste (n'utilisons pas le terme « documentaire ») *Hold-up*. Sa thèse soutient qu'un complot international est à l'œuvre derrière l'apparition du virus... Grand classique ! Le virus aurait été créé en laboratoire – chinois, rappelons-le : en cas de crise, le phénomène du bouc émissaire, largement analysé par René Girard, s'installe très rapidement, parfois dramatiquement ; l'angoisse est telle qu'il faut trouver un responsable, de préférence étranger – afin d'éliminer une partie de la population mondiale.

Lorsque le vaccin est prêt, extraordinaire prouesse médicale et technologique, en un temps record (environ un an), de nouveau, l'information ne pouvant être « métabolisée », les résistances les plus folles se sont fait jour. Nanotechnologies implantées via le vaccin destinées à soumettre la population et à la contrôler... Les anti-vaccins prolifèrent... Devant tant de situations incompréhensibles, angoissantes, mettant en danger notre survie, notre cerveau paléolithique ne parvient plus à s'apaiser. Il faut trouver quelque chose, vite, pour rétablir une cohérence. Pour Olivier Klein, psychosociologue, interrogé sur Franceinfo, nous réagissons en fonction de trois motivations : nous cherchons à comprendre ce qui se passe (réponse à l'absurdité) ; la théorie du complot permet de trouver rapidement une explication simple à une situation complexe, ce qui permet de calmer notre cortex cingulaire en surchauffe et de retrouver un confort rassurant ; enfin, se retrouver dans un groupe qui partage ces idées farfelues offre un sentiment de sécurité. « Il y a une multiplicité de parcours individuels, mais on peut décrire une trajectoire assez typique, conclut Olivier Klein. On se trouve dans un moment de doute, d'incertitude par rapport à un vécu personnel ou une situation sociale et on va chercher des réponses. »

Toutes vos questions sur...

LES ÉPIDÉMIES... ET LES FAUSSES EXPLICATIONS

Notre cerveau n'ayant pas évolué depuis le Paléolithique, notre cortex cingulaire (voir p. 21) réagit toujours par le stress lors de situations angoissantes et incompréhensibles. Les épidémies, qui sont un danger de mort, sont le terreau des grandes peurs. Notre cerveau cherche alors à tout prix à rétablir le calme en trouvant une réponse, quelle qu'elle soit, à l'inquiétude. Ce que nous vivons avec la pandémie de Covid n'a donc rien de nouveau.

L'historien Patrice Bourdelais, chercheur à l'EHESS en histoire des épidémies et de la santé publique, souligne : « À l'époque de la peste noire européenne (1347), les juifs ont été accusés d'empoisonner les puits et les marchés. Cela a même conduit à de violents pogroms dans les régions de Strasbourg et de l'actuelle Allemagne du Sud. » À Nancy, entre 1580 et 1635, à l'occasion de l'épidémie de peste, 200 à 300 personnes – surtout des femmes – sont condamnées à être brûlées vives car soupçonnées de s'être livrées à la magie et d'avoir propagé la maladie. En France, en 1832, le choléra frappe le pays. « Les opposants à la monarchie et les pauvres accusent les riches d'avoir propagé l'épidémie pour les faire disparaître. Certains accusent aussi les médecins d'avoir favorisé l'épidémie pour s'approvisionner en cadavres afin de poursuivre leurs recherches », poursuit Patrice Bourdelais. Aux États-Unis, en 2009, l'épidémie de grippe H1N1 a fait l'objet de rumeurs attribuant aux émigrés mexicains la responsabilité de l'apparition de la maladie. En Afrique, l'épidémie d'Ebola a été l'objet de fausses nouvelles, comme celle selon laquelle, au Liberia, des enfants étaient enlevés et utilisés comme cobayes pour le vaccin (qui,

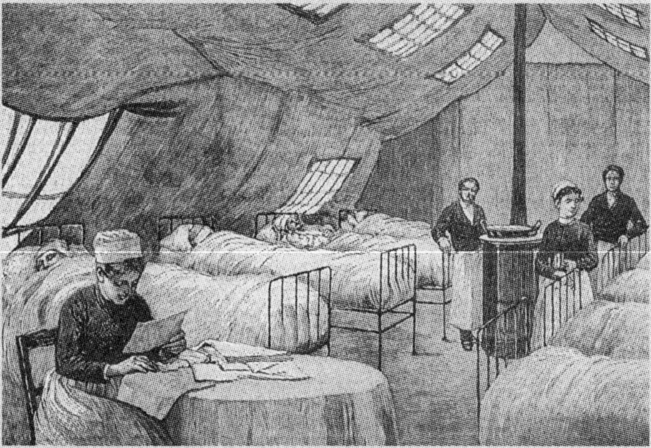

en 2021, n'existe toujours pas). Enfin, lors de la grippe espagnole de 1918, les Allemands – ce qui n'est pas surprenant au sortir de la Première Guerre mondiale – ont été soupçonnés d'avoir répandu le virus dans le but de détruire les Français, tandis que les Allemands pensaient que les Français étaient à l'origine de l'infection[1]...

1. Agence Science-Presse, 29 mai 2020, Rabéa Kabbja.

« NOTRE BESOIN DE SENS EST UN BESOIN PHYSIOLOGIQUE. »

L'éclairage de Sébastien Bohler

Essayiste, polytechnicien et docteur en neurosciences, auteur de livres qui ont connu un grand succès (*Le Bug humain* et *La Chimie de nos émotions*), Sébastien Bohler nous explique dans son ouvrage *Où est le sens ?* en quoi et pourquoi nous avons un besoin vital de trouver un sens à notre vie et à notre environnement.

Vous expliquez dans votre livre que notre cerveau a besoin de sens. Comment cela ?

L'être humain est au départ un bipède bien peu armé pour la compétition. Il a donc dû trouver des stratégies pour survivre. Et c'est en particulier dans les techniques de chasse – mais pas seulement – qu'il a développé des compétences particulières. On constate encore aujourd'hui chez les chasseurs-cueilleurs que la grande capacité qui permet de survivre, c'est l'anticipation, c'est-à-dire savoir ce qui va se produire et comment. Une partie de notre cerveau est très douée pour cela : c'est le cortex cingulaire antérieur, dont la fonction principale est de faire des prédictions sur ce qui va se produire, en fonction de ce que nous observons autour de nous. Quand les prédictions sont confirmées par la réalité, tout va bien. En revanche, si la réalité n'est pas conforme à ce qui était anticipé par le cortex cingulaire antérieur, il envoie un signal d'erreur, un signal électrique puissant qui s'accompagne de la libération d'hormones de stress, comme le cortisol et la noradrénaline, qui provoquent un sentiment de déstabilisation parce qu'on ne sait plus à quoi se fier et qui imposent de revoir les codes que l'on croyait avoir déchiffrés dans l'environnement naturel. Au départ, c'est donc le besoin d'observer, de discerner, d'anticiper des lois de causalité dans le monde qui nous entoure. C'est déjà s'éloigner du chaos, c'est déjà mettre de l'ordre dans le monde. C'est une première brique de ce que l'on pourrait appeler le sens. Et c'est un avantage énorme pour survivre.

Les bébés ont-ils cette capacité ?

Sans aucun doute. Ils ont cette capacité qui se développera au contact de leur environnement. Les bébés ont besoin de régularité : si on les place dans un milieu où rien n'est prévisible, on va sûrement à la catastrophe. Nous avons tellement besoin de cohérence que si nous sommes dans une situation incompréhensible, nous cherchons toujours à donner un sens. Je vois un parallèle avec les théories de l'attachement : les bébés ont besoin d'un attachement stable, c'est-à-dire cohérent.

LE CORTEX CÉRÉBRAL

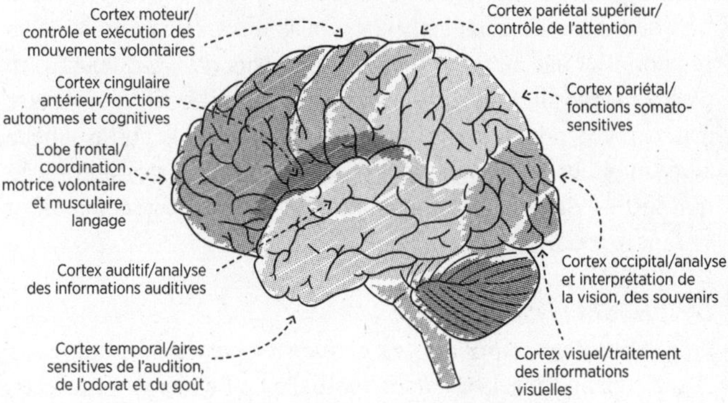

C'est une capacité que n'auraient pas les animaux ?

Si ! Du moins les vertébrés. Ils ont un cortex cingulaire antérieur et l'utilisent pour cela : ils observent les indices dans leur environnement. Des expériences en laboratoire permettent de reconstituer ce comportement. On voit par exemple des macaques engager leur cortex cingulaire antérieur quand ils voient sur un écran des indices associés à une récompense. Quand la récompense arrive, ils sont contents ; en revanche, si elle n'arrive pas, ils sont stressés. Ce qu'ils croyaient avoir compris ne fonctionne pas. Le fonctionnement du cerveau humain découle de l'évolution de formes de vie antérieures. Mais chez les humains cela a pris des proportions importantes, parce que le cerveau a grossi et que chez l'être humain s'est ajoutée la capacité d'analyse d'autres zones du cerveau, comme le cortex préfrontal. La mémoire intervient, le langage, l'échange d'informations... Donc le cortex cingulaire antérieur se nourrit de bien d'autres ressources cognitives chez l'humain. D'autant plus qu'il y a eu ce tournant absolument essentiel pour le développement du cerveau humain il y a deux millions d'années chez l'*Homo erectus* : la chasse en groupe, de manière très coordonnée. C'est la clé de la survie. On dispose de données archéologiques très nettes sur ce sujet : il y a un million d'années, les humains se sont attaqués à des gibiers vraiment plus gros qu'auparavant. C'est le signe de la chasse en groupe, qui a bénéficié de cette capacité de coordination. C'est très intéressant : le cortex cingulaire antérieur adore anticiper le comportement des autres, ce qui permet de savoir comment l'autre va se placer, comment il va lancer son arme, etc.

D'où le foot !

Eh oui ! Le foot reproduit des comportements de groupe, sans doute très anciens. Les grands footballeurs ont toujours su anticiper les passes. C'est fascinant : c'est vraiment ancré dans nos gènes. Il a fallu deux millions d'années pour que cela se stabilise dans notre cerveau, dans nos gènes. Aujourd'hui, cela fait partie de notre disque dur... Au Paléolithique, la taille maximale des groupes était d'une centaine d'individus, ce qui permettait de connaître tous les membres et facilitait le fonctionnement du cortex cingulaire antérieur. Par contre, au Néolithique puis dès l'apparition des grandes cités de Mésopotamie, on assiste à une explosion démographique. C'est l'apparition de l'anonymat. Dans ces conditions, comment le cortex cingulaire peut-il continuer à faire des prédictions ? En 2019, des recherches sur l'évolution des cités au Néolithique ont permis de comprendre que l'émergence des rituels collectifs a joué un rôle important. D'un point de vue neurologique, c'est justement cela qui a permis au cortex cingulaire antérieur de se rassurer sur le comportement des individus inconnus.

C'est un système de reconnaissance ?

Oui. Durant le temps du rituel, il est possible de faire des prédictions sur le comportement des différentes personnes. Cela donne un sentiment d'appartenance, de réassurance, et cela compense la perte de prévisibilité dans les groupes importants. Dans 80 % des cas, l'apparition des rituels collectifs est suivie (environ à deux cents ans d'écart) par celle des grandes religions morales, qui vont codifier les comportements. C'est très intéressant pour le cerveau parce que c'est en quelque sorte la recette miracle pour anticiper le comportement des membres du groupe. Quand tout le monde affiche son adhésion aux grands principes, il devient possible d'anticiper les comportements. Et cela diminue l'incertitude.

Nous n'avons pas beaucoup évolué de ce point de vue...
Non, pas beaucoup. Le cerveau ne peut pas se remanier si vite : l'évolution des gènes et des structures cérébrales se fait à l'échelle de dizaines de milliers d'années. Notre cerveau a toujours ce besoin de décodage et de codes communs entre les humains. Et aujourd'hui, notre cerveau est extrêmement mal à l'aise face à la fragmentation et aux incertitudes de notre monde globalisé !

Ce qui explique nos angoisses...
Je pense que c'est un énorme facteur d'angoisse. Et encore plus si on surfe sur Internet, si on se glisse dans les réseaux conspirationnistes, si on se cherche un noyau de personnes qui partagent les mêmes croyances puis que l'on réalise qu'il y en a des dizaines d'autres qui pensent différemment. Ce qui pousse à se fermer les oreilles et à essayer de se convaincre qu'il n'y a que le petit groupe qui existe : cela permet de reconstituer le groupe primordial du Paléolithique. Mais cela rend impossible l'illusion que nos codes sont opérants partout. Cela met le cortex cingulaire sur des charbons ardents. C'est un facteur de stress qui s'ajoute à celui de l'accélération de la vie, à la globalisation des échanges, à l'incertitude de l'emploi... L'individu ne peut plus, aujourd'hui, planifier son avenir au-delà de quelques années. Et cela s'aggrave encore avec les incertitudes majeures quant à l'avenir de la planète. Quand on ne peut plus se rassurer avec

l'idée que nos petits-enfants vivront bien, que les saisons seront toujours là, on fait face à l'incertitude maximale.

C'est la première fois pour l'humanité ?

C'est surtout que les mondes stables décrits par les systèmes d'autrefois, ne serait-ce que les religions, sont remis en question... Comment faire pour apaiser le cortex cingulaire ? Il a besoin de comprendre, de disposer de codes moraux communs dans une même société et d'un système d'explication du monde. Il y aurait peut-être des solutions si on donnait au plus grand nombre les moyens de comprendre le monde dans lequel on vit, par l'éducation par exemple. Ce n'est pas désespéré mais cela passe vraiment par des outils et des valeurs communs. Il est intéressant de noter que le cortex cingulaire réagit par ce fameux signal d'erreur dans deux situations : lorsqu'on ne voit plus de sens dans la vie et quand on a l'impression de ne plus faire partie d'un groupe. Cela a été démontré par une scientifique, Naomi Eisenberger : lorsqu'on isole quelqu'un d'un groupe, le cortex cingulaire s'enflamme littéralement. Ce qui nous montre que la base du sens, c'est le sentiment d'appartenance. Cela ressort aussi clairement d'enquêtes psychologiques. Lorsqu'on demande aux gens ce qui donne du sens à leur vie, c'est souvent le sentiment d'appartenance à un groupe, à une collectivité, le fait de se sentir utile aux autres, qui apparaît.

En effet, on peut le voir dans les témoignages publiés plus loin. **(voir p. 121)**

Tout être humain a besoin de savoir s'il a compris les codes pour vivre en groupe et s'il peut continuer à être accepté. De nouveau, c'est le rapport de causalité : j'ai compris comment ça fonctionne et je peux agir de façon que le retour des autres soit bon. Mon petit système de représentation du microcosme social est valide. Si j'applique les règles, tout va bien se passer pour moi. C'est l'un des aspects importants des critères de survie. Le cortex cingulaire analyse les règles qu'il connaît depuis la naissance. La notion d'utilité est là : c'est le passeport pour la survie. Si je suis utile au groupe, je continuerai à en faire partie. On ne me laissera pas au bord de la route. À l'inverse, si je n'ai plus d'utilité, si je ne peux plus accomplir mon travail ou être reconnu par le groupe, c'est le début de la mort pour mon cerveau primitif.

Que se passe-t-il dans le cerveau d'un individu confronté à l'absence de sens ?

C'est le stress chronique, porte d'entrée vers la dépression. Lorsqu'il y a impossibilité d'orienter son action parce qu'on ne sait pas ce qui est demandé (dans le cas des demandes contradictoires, par exemple), ou vers quoi va le monde, ou le milieu familial... C'est le paradigme de la dépression étudié par Martin Seligman. Ou alors ce sont les échecs successifs...

Les nazis avaient compris cela et s'en sont servi en jetant les déportés dans des univers de violence extrême et totalement absurde.

Oui, c'est l'exemple extrême et atroce. Bien sûr, on pense à Viktor Frankl qui, lui, a trouvé le moyen de se projeter dans un sens personnel lorsqu'il s'est juré, s'il s'en sortait, qu'il travaillerait sur ces questions et en ferait un outil pour soigner. Dans ces situations dramatiques, leur donner un sens malgré tout est le ressort ultime. Un aspect important du cortex cingulaire, c'est qu'il détecte la cohérence ou l'incohérence interne. Votre action au quotidien est soit en phase avec vos convictions, soit en contradiction avec elles. Par exemple, je dois faire quelque chose pour la planète mais je travaille pour l'industrie du pétrole : mon cortex cingulaire voit très bien cette contradiction. On le repère à l'imagerie cérébrale. Et il en résulte du stress.

Mais peut-on imaginer que des individus ne soient pas touchés par cette incohérence ? Qu'elle les laisse indifférents et que l'absence de sens ne soit pas un problème ?

Ce que l'on sait, c'est que l'imagerie cérébrale la détecte toujours. Simplement, il y a plusieurs réactions possibles pour en sortir : vous pouvez changer de vie de sorte que vos actes soient en phase avec vos valeurs. C'est une manière constructive de diminuer l'incohérence. Ou vous pouvez changer votre représentation de la réalité. Il m'est arrivé plus d'une fois de mettre des gens en situation de dissonance cognitive, par exemple des personnes qui travaillaient dans l'aéronautique, sur des avions très consommateurs de kérosène. Je leur disais : « Tu vois bien que ces avions sont très mauvais pour l'avenir de la planète, tu es conscient de l'avenir de la planète et qu'il faudrait aller vers des énergies renouvelables. » Au bout d'un moment, la réponse était : « Oui, c'est vrai que le changement climatique est un problème, mais on va trouver une solution technologique. » En quelques secondes, parce qu'on ne peut pas vivre en incohérence très longtemps, le cortex cingulaire va chercher une porte de sortie. Dans ce cas, il s'agissait de modifier la représentation du risque. Il y a aussi la tentation de nier ou de minimiser l'importance de la réalité : « C'est vrai, mais ce n'est pas si grave. »

Le déni est donc une protection ?

Oui, c'est sûr. C'est une stratégie de protection. Greenberg et Solomon ont étudié les réactions de l'être humain face à la conscience de la mort. Ils ont démontré que la stratégie commune est de se distraire de toutes les façons possibles, pour ne pas y penser. Cela évite de se confronter à cette incohérence, cette brièveté de la vie. Ce sont ces gens qui ne prennent jamais une minute pour penser aux choses importantes : toujours devant un écran, à consommer, etc. Le problème, c'est que cela peut vite tourner à l'addiction.

Le psychiatre américain Irvin Yalom, qui a accompagné des personnes en fin de vie durant des années, dit que celles qui exprimaient la plus grande peur de la mort étaient celles qui avaient des regrets : celui de ne pas s'être accompli, d'être passé à côté de l'amour, d'avoir étouffé leurs aspirations... À l'inverse, celles qui étaient le moins angoissées étaient celles qui avaient le sentiment d'avoir accompli leur existence.

Cela rejoint ce qu'a dit Frankl, l'inventeur de la logothérapie, sur l'intérêt de se projeter à la fin de sa vie et de se retourner sur ce qu'on a fait en se demandant : « Est-ce que ça me va ? » C'est l'idée de savoir qu'on a fait des choses dont on n'a pas à rougir. C'est-à-dire savoir si notre vie a eu un sens. Pour le cortex, cela rejoint la cohérence que l'on porte en soi. Il faudrait faire des recherches plus approfondies sur cette question. Je dirais d'ailleurs que le besoin de cohérence et de sens est au cœur de l'humain, davantage que le besoin de transcendance, religieuse, par exemple.

Vous parliez des expériences durant lesquelles on voit le cortex cingulaire « s'enflammer » : il y a donc un effet physique de l'absence de sens ?

Bien sûr. Il y a bien un besoin physiologique de sens. Ce n'est pas une idée désincarnée ! Cela montre encore que santé physique et santé psychique sont liées et cela permet d'identifier la racine de ce besoin. Le sens n'est pas un luxe ! C'est nécessaire à notre survie : si on n'y prête pas attention, cela peut nous amener à disparaître. Si on continue d'évoluer dans une société dénuée de sens, c'en est fini de nous. Ce n'est pas pour rien que nous sommes angoissés en ce moment et que nous ne sommes pas capables d'y faire face. Le dernier rapport du GIEC nous le dit.

Nous nous trouvons face à deux attitudes qui s'opposent : ceux qui, angoissés, décident de passer à l'action, et ceux qui refusent de regarder ce qui se passe…

C'est le piège que nous tend notre cerveau, et notamment une zone qui recherche avant tout la jouissance et le plaisir, que l'on appelle le striatum : pour beaucoup d'entre nous, le premier souci est de continuer de vivre de manière agréable, dans cette routine qui est la nôtre depuis un siècle et qui nourrit notre striatum à coups de dopamine… Pour arriver à remettre ça en question, il faut vraiment des faits marquants, des catastrophes, des matraquages médiatiques…

N'avons-nous pas toujours avancé ainsi : une incohérence, une rupture… puis un changement ?

Aujourd'hui, il est certain que nous allons vers une rupture… Ce qui est particulier, c'est que nous allons plutôt vers une restriction de nos besoins que vers une amélioration. Nous vivons dans un monde que nous avons créé et qui permet l'expression de nos besoins individuels. Il faut nous faire violence pour aller vers une restriction que notre striatum ne souhaite pas ! C'est sans doute l'incohérence à laquelle nous devons faire face dans notre surconsommation qui provoquera le besoin d'une réponse plus adéquate que la satisfaction immédiate de notre striatum. C'est une guerre de tranchées qui commence à s'amorcer entre ces deux facettes de notre cerveau : striatum contre cortex cingulaire. C'est finalement le choix entre la puissance et le sens.

C'est peut-être là l'issue ?

Peut-être : je suis frappé de voir le nombre de gens qui expriment leur volonté de changement et qui passent à l'action. Mais je suis aussi frappé de voir que par ailleurs l'industrie ne suit pas, l'économie ne suit pas. C'est comme si les volontés des individus ne se traduisaient pas dans le comportement collectif de l'espèce humaine. L'espèce humaine agit sur son biotope comme un virus sur son hôte. C'est une logique systémique qu'il faut analyser… Ce que je suis en train de faire pour mon prochain livre, *Human Psycho*... Je m'y demande comment fonctionne l'entité « espèce humaine ». J'ai repéré quatre traits distinctifs qui sont les traits d'un psychopathe ! C'est comme si l'humanité était un cerveau psychopathe : ego surdimensionné (l'homme supérieur à tout) ; rapports de manipulation (les autres ne sont pas une fin mais un moyen) – c'est l'utilisation faite des ressources ; absence d'empathie flagrante vis-à-vis de la nature et des autres êtres vivants ; et enfin, impulsivité et absence de responsabilité vis-à-vis du futur : il nous faut le profit immédiat. Toute la sphère politique et économique se comporte ainsi. Dès qu'il y a une possibilité de faire quelque chose, sur le plan technologique, quelles que soient les conséquences, on y va ! Ce qui m'intéresse, c'est vraiment d'étudier cela car nous sommes en pleine incohérence, en pleine absurdité.

Cela pose la question du fonctionnement du groupe.
C'est exactement cela. On sait que dans tous les conflits ethniques, par exemple, il existe des mécanismes par lesquels les groupes étouffent l'empathie des individus, ce qui permet de sortir de chez soi avec une hache et d'aller massacrer son voisin qu'on a déshumanisé auparavant. C'est peut-être en prenant conscience de cette dissonance que nous parviendrons à faire changer nos comportements d'espèce et bien sûr d'individus.

Le nouveau livre de Sébastien Bohler, *Human Psycho*, est disponible aux éditions Bouquins.

À LIRE

OÙ EST LE SENS ?

de Sébastien Bohler,
Pocket (2021), Robert Laffont (2020)

Face aux catastrophes qui s'accumulent, l'auteur nous convie à la découverte des raisons neurologiques qui nous poussent à toujours chercher un sens, une explication à ce qui nous arrive, aux événements de notre vie, depuis le plus insignifiant jusqu'aux grandes interrogations existentielles. Une zone de notre cerveau, le cortex cingulaire antérieur, joue un rôle central dans ce besoin. Avec talent, Sébastien Bohler sait nous rendre accessibles les complexes notions des neurosciences. Et c'est fascinant. Extraits.

Sens et puissance : deux moyens de contrôler le monde

Au terme de son extraordinaire voyage, le cortex cingulaire, issu du cerveau de petits primates il y a vingt ou trente millions d'années, initialement occupé à prédire de simples liens de cause à effet dans son environnement naturel, s'est ainsi retrouvé à faire des prédictions sur le comportement de milliers d'humains qui lui étaient étrangers en s'appuyant sur des créations mentales nommées croyances et valeurs morales. Force est de constater que cela lui a réussi. Nous, les humains, avons d'une certaine façon trouvé un sens à notre existence en sachant exactement comment nous comporter pour ne pas être exclus de ce qui est le garant de notre survie : la troupe, le groupe, la horde – la société. Nous avons trouvé un sens à notre existence en pensant le bien et le mal. Nous avons trouvé un sens à notre existence en façonnant une chose incroyable : un être suprême en qui il faut croire pour survivre en groupe. Et pour qui il faut construire des cathédrales afin de prouver sa foi, afin que le groupe continue d'être un groupe. Pourquoi tout cela s'est-il arrêté ? Tout simplement parce que, pour ce système de détection enfoui au plus profond de nous, la seule règle qui compte est de maîtriser l'incertitude. Que le moyen d'y arriver consiste à créer des dieux qui permettent de mieux prédire le comportement de ses semblables, ou à savoir exactement combien de kilomètres il est possible de parcourir avec un plein d'essence sur un modèle Citroën Xsara climatisé, peu importe. Dans les deux cas il s'agit de prédire pour survivre. C'est pourquoi notre cortex cingulaire s'active lorsque nous détectons aussi bien des indices qui annoncent l'arrivée d'une récompense matérielle (par exemple de l'argent, de la nourriture ou même des relations sexuelles) que des signes qui laissent penser que l'univers obéit à un grand plan ordonné. C'est de cette ambivalence, de cette

> Le sens devenait un poids inutile, que l'on pouvait donc laisser sur le bord de la route.

fonction double que découle en grande partie notre situation présente. Il a fallu des millénaires au cortex cingulaire pour accéder au sens, parce que ce sens lui a été indispensable pour survivre. À un moment de notre histoire, nous étions physiquement faibles. Mais dès que le sens n'a plus été indispensable, le cortex cingulaire n'a plus eu aucune raison de le garder. C'est ce qui nous est arrivé à l'ère industrielle du pouvoir technologique. Le sens devenait un poids inutile, que l'on pouvait donc laisser sur le bord de la route. (...)

Cortex cingulaires en surchauffe

Dans un monde où plus rien n'est certain, où tout va trop vite, où il semble de plus en plus hasardeux de léguer une entreprise à ses enfants et presque incongru d'imaginer passer toute sa vie avec une même personne, est apparue une incertitude d'un nouveau type : l'incertitude sur l'avenir de la planète. Le socle qui soutenait tous les cadres de pensée et d'action humains se dérobe. Dans trente ou quarante ans, nul ne sait de quoi sera faite l'existence humaine. Océans qui débordent, ressources raréfiées, chaînes alimentaires rompues, extinction de millions d'espèces vivantes, atmosphère irrespirable, pandémies, migrations et conflits sociaux, voire militaires : les prévisions des groupes d'études internationaux sur le climat nous disent sans ambiguïté que les repères auxquels nous étions habitués depuis des générations vont être pulvérisés. Ce changement est sans équivalent dans toute notre histoire. Même lorsque l'humanité s'étripait à coups de baïonnette sur les champs de bataille ou de canon de 65 mm dans les tranchées, les saisons succédaient encore aux saisons, la pie-grièche continuait de voleter dans le ciel de l'Hérault et les glaciers restaient inatteignables dans leurs sommets immaculés. Il y avait toujours de quoi voir venir. Maintenant, nous touchons aux fondations. Au-delà, il n'y a plus rien. Plus aucune stabilité. Nulle part. Notre-Dame était un symbole. Dans un monde qui bouillonne, qui s'évapore et où le temple de la nature se fendille de toutes parts, elle restait comme le pivot d'une identité millénaire ayant traversé le temps, et nous tendait l'image d'une pérennité possible, témoignant d'un désir d'éternité et de stabilité qui avait jadis eu cours et qui restait comme une potentialité lovée au creux de l'âme humaine. Comment s'étonner alors que l'incendie de cet édifice ait suscité près de un milliard de dollars de promesses de dons, là où l'embrasement de la forêt amazonienne provoqué par l'industrie agro-forestière brésilienne à seule fin de gagner des terres cultivables et de vendre des milliers de tonnes de soja transgénique aux vaches européennes, n'a suscité que tergiversations du gouvernement brésilien pour savoir s'il allait ou non accepter vingt petits millions d'aide européenne, le tout étant soumis à la condition que le président de la République française accepte de s'excuser d'avoir mal pris les propos injurieux de son homologue brésilien sur le physique de son épouse. La conclusion est cinglante, implacable : le poumon de la planète vaut cinquante fois moins que le besoin de sens. Alors que, dans le fond, les deux sont liés. C'est une leçon à tirer. Non que le sens doive être religieux. La plupart des Français qui pleuraient Notre-Dame avaient oublié depuis longtemps l'idée de Dieu. Mais le sens demeure et parle à notre cerveau du fond des âges. Il est ce qui porte vers le passé et vers l'avenir, ce qui assure la continuité, ce qui murmure à notre oreille autre chose que le chaos, l'imprévisible et la consommation abrutissante. Peu importe à quel sens nous aspirons : certains symboles, certains monuments jaillis du passé nous rappellent qu'il existe, et ce simple fait ranime en nous le besoin que nous en avons. Nous n'avons pas à ce jour conçu de sens pour l'Amazonie comme nous l'avons fait autrefois pour Dieu et la Création. Nous n'avons pas élaboré de vision du monde tournée vers la préservation de notre planète, comme nos prédécesseurs ont accouché d'une vision du monde pour le salut de l'âme, la création de l'univers et la construction d'édifices sacrés. Mais ce temps viendra, et il est peut-être proche, c'est inéluctable parce que nos cerveaux confrontés à l'effondrement se replieront inévitablement sur le sens.

(...)

Soudain, le spectre de la mort

Pour la première fois, la question existentielle qui a hanté les hommes depuis leur origine se pose à l'humanité tout entière : pourquoi existons-nous, comment accepter de mourir, quel sens à notre existence ? Aujourd'hui, par la responsabilité des humains eux-mêmes, la planète qui nous a vus naître est menacée de destruction. Il s'agit d'un changement d'optique comme l'humanité n'en a jamais connu. Par le passé, tous ceux qui craignaient la mort à leur échelle individuelle savaient que le monde continuerait à exister après eux. Ils savaient que des générations suivraient leurs pas, que leurs enfants transmettraient ce qu'ils avaient acquis et façonné pour la postérité. Cette façon de voir les choses a été celle de nos ancêtres pendant des centaines de milliers d'années. C'est une vision existentielle fondée sur la continuité du temps et l'idée d'une trace laissée sur le monde, une empreinte qui subsiste après la disparition de l'être et dépasse notre existence particulière, éphémère et vouée au néant. Aujourd'hui, cette idée de perpétuation et de continuité au-delà de notre propre mort est remise en question. Nous ne pouvons plus nous consoler en pensant que le monde continuera d'exister et que ce que nous avons semé germera et portera ses fruits. La pensée de l'effondrement, qui n'est plus de l'ordre du fantasme mais de la possibilité bien réelle, change notre positionnement en tant qu'êtres humains. C'est une rupture existentielle.

La pensée de l'effondrement, qui n'est plus de l'ordre du fantasme mais de la possibilité bien réelle, change notre positionnement en tant qu'êtres humains.

L'AMOUR DONNE-T-IL DU SENS À LA VIE ?

Par Charles Pépin

« L'amour a le pouvoir de justifier notre existence. »

Pour Charles Pépin, philosophe et essayiste qui célèbre la force de la rencontre dans son dernier livre, *La Rencontre, une philosophie* (Allary), l'amour est un mouvement difficile à saisir, mais essentiel, de l'expérience existentielle.

L'amour peut-il vraiment donner du sens à l'existence ?

Peut-être... Même si l'amour est évidemment difficile à définir. Il est clair qu'il peut donner du sens à la vie, notamment lorsque nous essayons d'être à la hauteur du sentiment amoureux, de faire le nécessaire pour être à la hauteur de l'amour ressenti pour la personne aimée. Mais je crois qu'il y a plus important que cette question du sens : lorsque nous sommes amoureux, nous nous posons justement moins la question du sens de la vie. Il y a des manières d'exister tellement intenses que l'on ne se pose plus la question du sens. Quand on aime, quand on aime vraiment, on peut même se trouver soudain capable de supporter le non-sens de l'existence !

Quel est le pouvoir magique de l'amour pour nous apaiser à ce point ?

C'est le pouvoir d'intensification de la présence, voire de « justification » de notre existence. Nous nous posons plutôt la question du sens de notre vie lorsque nous sommes confrontés à la question de son absurdité. Lorsque nous connaissons la joie d'aimer et d'être aimé, notre existence nous semble comme justifiée. Sartre a développé cette idée : nous voudrions que l'amour de l'autre nous justifie complètement dans une existence qui pourtant, nous dit-il, est *a priori* caractérisée par l'absence de sens. L'amour est un leurre, certes, mais un leurre bien agréable. Évidemment, c'est une belle idée, mais une idée dangereuse : c'est en demander trop à l'autre. Toute la question est de savoir ce que c'est que d'aimer quelqu'un sans lui en demander trop, en sachant qu'il ne peut tout nous donner, qu'il ne nous appartient pas, que nous ne pouvons non plus tout lui donner... Cela serait une voie de sagesse... Mais serions-nous encore amoureux si nous arrivions ainsi à nous détacher suffisamment de ces tendances ?

Bonne question !

Eh oui : que reste-t-il de l'amour s'il ne s'agit pas d'amour fou ? Existe-t-il ? Peut-être... ou pas. Est-ce encore aimer, que d'aimer sans folie ? Est-ce encore aimer, que d'aimer « normalement » ?

Pourtant, il existe des amours qui traversent les années... Prenez l'exemple de Marilyn et Irvin Yalom, qui se sont aimés durant soixante-dix ans...

Peut-être que la clé est le respect de la différence de l'autre, de sa liberté, c'est-à-dire quelque chose comme une limite imposée à cette possessivité qui menace l'amour et bien souvent finit par avoir sa peau. Dire « tu es "une" merveille » et non pas « tu es "ma" merveille », cela nous permet par exemple de nous protéger un peu de cette possessivité et de laisser sa place au mystère de l'autre, sans en avoir peur. Peut-être que Yalom a réussi à débarrasser son amour de ses tendances pathologiques. Peut-être qu'il a réussi à avoir, face au mystère de l'autre, plus d'amour que de peur...

Ce serait cela, le sens que donne l'amour à notre vie ?

En tout cas, rien n'est plus difficile que de tenter de le définir... C'était le titre bien trouvé d'un livre de Fabrice Midal : *Et si de l'amour nous ne savions rien ?*. C'est en cela sans doute aussi qu'il donne « du sens » : c'est parce que nous n'en savons rien que nous y allons. Le sens s'entend alors peut-être moins comme signification que comme direction : nous ne savons pas où nous allons, mais nous y allons ! Si nous savions ce qui nous attend, comment il s'articule, alors l'amour perdrait de sa force. Il y a sans doute quelque chose à réinventer dans toute histoire d'amour. Aimer quelqu'un, c'est réinventer l'amour : cette idée seule, je trouve, est de nature à nous porter dans les bons moments comme dans les mauvais...

Chaque amour renouvelle la surprise.

Oui. C'est une nouveauté, une redécouverte de l'autre en même temps que de soi, et du monde également, car nous découvrons le monde tel que l'autre le voit. Et la vie nous offre parfois d'apprendre à aimer d'une manière nouvelle, de ne pas être enfermé dans nos erreurs, ou en tout cas de ne pas les répéter à l'identique ! Vous vous souvenez de cette phrase de Beckett ? « Tu as échoué ? Essaie, échoue encore, mais échoue mieux... »

Une vie sans amour peut-elle avoir du sens ?

L'amour de la nature, l'amour religieux, l'amour du monde... peuvent permettre de se passer de l'amour d'un être humain. Christian Bobin et Emerson disent quelque part que certains êtres, parce qu'ils ont rencontré « un amour supérieur », vivent très bien dans la solitude. Cette manière de voir est peut-être discutable, mais elle peut aider à sortir de cette vision héritée du romantisme occidental, selon laquelle il y aurait un amour qui serait sublime et supérieur à tous les autres. Ce qui est intéressant, c'est que les différentes amours dont nous sommes capables puissent s'entrelacer, se nourrir, que l'amour passion et l'amour de la vie, par exemple, puissent se renforcer l'un l'autre. Spinoza dit que la joie est première, ce moment où nous sommes emplis de ce sentiment d'exister, d'être au monde, et que l'amour est une conséquence de la joie. Dans ce cas, c'est parce que je connais d'abord, seul, la joie de vivre et d'être au monde, que je vais être capable d'aimer quelqu'un d'autre. « L'amour, écrit Spinoza, est la joie, accompagnée de l'idée d'une cause extérieure. » Autrement dit, la joie est déjà là et puis, te rencontrant, je t'associe à ma joie, je t'imagine cause de ma joie : alors, que ce soit vrai ou faux, je t'aime ! Mais encore une fois, c'est parce qu'il y a de la joie en moi. L'amour est possible en raison de cette vitalité : il ne peut grandir que dans le terreau de la joie. Cela permet d'ailleurs de ne pas mettre trop de pression sur l'autre : je suis le dépositaire de la joie, il se trouve que je t'aime et que nous pourrons avoir cette joie en partage.

Voilà qui donne, si vous voulez, « du sens » ! L'autre devient le complice en même temps que le témoin de cette joie, ce qui ne veut pas dire qu'il ne puisse pas en être aussi parfois la cause. Mais nous ne le saurons jamais !

C'est un cercle vertueux...

C'est cela. L'amour intensifie une joie de vivre sans laquelle il serait impossible... Cependant il faut se poser la question de savoir si l'amour peut réveiller, sauver, et notamment sauver quelqu'un de la tristesse. Certainement, mais on risque de se retrouver devant le même problème : en demander trop à l'autre et surtout à l'amour, en attendre la justification absolue de notre existence. Si on se libère et qu'on libère l'autre de la tâche infinie de justifier notre existence, l'amour pourra donner davantage... puisqu'on lui en demande moins !

La rencontre amoureuse serait-elle l'étincelle qui rallumerait quelque chose qui est là, mais en sommeil ?

Oui, peut-être... Une personne peut être en quête de quelque chose mais les années, la vie, peuvent enfouir cette quête, cette exigence. Une rencontre amoureuse, tout comme une rencontre amicale, est capable de réveiller, de redonner vie à cette exigence mise en sommeil par les contraintes de la vie ou simplement par le temps. De mon point de vue, il s'agit d'une exigence par rapport à la vie personnelle, pas par rapport au sens de la vie en général, qui reste trop vague. S'il s'agit d'une exigence (être quelqu'un de bien par rapport à ses proches, par exemple, être quelqu'un sur qui on peut compter), cela peut rejoindre une idée éthique du sens de la vie. Peut-être. Mais pas nécessairement. Ce qui compte, ce n'est pas le sens de la vie en général mais ce que moi, j'en fais. L'amour, en nous donnant quelque chose que l'on n'attendait pas, ou plus, nous rappelle parfois ce que l'on recherchait, et que l'on avait oublié. Comme si on avait une reconnaissance à l'égard de l'amour et que, boosté par lui, on retrouvait une exigence primordiale. On essaie, ici encore, d'être à la hauteur de la chance de l'amour. Dans mon essai *La Rencontre, une philosophie*, j'évoque une crise de couple : l'homme ne comprend pas pourquoi sa femme accepte un rendez-vous avec un homme qui la drague depuis longtemps, et dont elle s'est souvent plainte. Il est pris par la jalousie, se sent trahi. Puis il comprend ce qu'elle lui explique : ce déjeuner peut être intéressant professionnellement, et si elle refuse d'y aller au simple motif que cet homme peut être un dragueur parfois lourd, cela revient d'une part à passer peut-être à côté d'une occasion professionnelle, d'autre part à se laisser définir, et réduire, par la drague de cet homme. En l'écoutant, il parvient enfin à se mettre à sa place. Finalement, se rendre à ce déjeuner, ce n'est pas comme il l'avait d'abord pensé « jouer son jeu », mais plutôt refuser de se laisser définir par son jeu. Aimer l'autre, c'est ainsi réussir à se décentrer, à accéder enfin à son point de vue : voilà qui agrandit considérablement nos existences… Comment, sans amour, réussir à se mettre à la place de l'autre ? C'est probablement le sens de l'affirmation énigmatique de Platon : « Qui n'a jamais aimé ne peut philosopher. »

RETROUVEZ *GRAND BIEN VOUS FASSE !* EN PODCAST

- **Qu'est-ce qu'une vraie rencontre ?**
- **Pourquoi aimons-nous les baisers ?**
- **Pourquoi sommes-nous beaucoup plus heureux ensemble ?**
- **La chimie de l'amour.**
- **Comment trouver l'amour au temps du numérique ?**
- **En amour faut-il laisser faire le hasard ?**
- **Couple, on arrête ou on continue ?**

Toutes vos questions sur...

L'AMOUR DONNE-T-IL DU SENS À LA VIE ?

Qui ne serait tenté de répondre par un grand « oui », en s'appuyant simplement sur la littérature, tant le sujet a été – et est toujours – exploré ? « J'ai le manteau de la nuit pour me soustraire à leur vue. D'ailleurs, si tu ne m'aimes pas, qu'ils me trouvent ici ! J'aime mieux ma vie finie par leur haine que ma mort différée sans ton amour », dit Roméo à Juliette dans la fameuse scène du balcon.

Belle du Seigneur, *La Princesse de Clèves*, *Nadja*, *Anna Karénine*... La liste pourrait se poursuivre à l'infini. L'amour est l'une des grandes affaires humaines. Tous ceux qui ont croisé l'amour « amoureux » peuvent en témoigner : leur vie est plus large, plus intense, sinon plus heureuse. En tout cas, lorsque l'amour est là, les questions douloureuses s'estompent et la vie prend toutes ses couleurs. À condition, bien entendu, qu'il soit partagé... Mais être ou avoir été amoureux fait dire à ceux qui ont connu cet étrange mouvement que cela en valait la peine, que cela justifie l'existence, qu'il y a une « sortie de soi-même », selon Julie, amoureuse passionnée depuis quatre ans. « Faire couple, c'est construire une joie permanente d'être ensemble dans l'échange des corps et des énergies, pour que cette joie parle à la jubilation de l'univers », écrit le psychothérapeute de couples Alain Héril[1]. C'est sans doute

1. Alain Héril, *On ne fait pas l'amour, c'est l'amour qui nous fait*, Courrier du Livre, 2021.

cette dimension jubilatoire, cet « agrandissement de l'être », qui transforme notre existence et lui donne du sens. Car il ne s'agit pas du simple besoin de reproduction qui nous pousse vers un partenaire (la réduction du sentiment amoureux à la biologie, telle qu'elle est décrite par des auteurs comme Jean-Didier Vincent[1]) mais d'un phénomène complexe où se mêlent inconscient – pour la psychanalyse, nous choisissons nos amours en fonction de critères inconscients, de la manière dont le couple parental nous a imprégnés, de traumatismes précoces, etc. –, particularités psychologiques, culturelles, religieuses, etc. Pour preuve, l'impossibilité de *décider* de tomber amoureux de telle ou telle personne. L'amour ne se décrète pas. C'est bien la raison pour laquelle il nous fascine (voir la place qu'il occupe en littérature, en peinture, en musique...) et nous enchante en nous surprenant toujours. C'est aussi pour cela que l'amour peut frapper à tout âge, à travers l'hétérosexualité comme à travers l'homosexualité. *No limit !* Enfin, il faudrait évoquer d'autres formes d'amour (l'amour religieux, l'amour du prochain, l'amour parental...), ou bien les types d'amour envisagés par la philosophie grecque (*eros*, l'amour amoureux ; *philia*, l'amitié ; *agapè*, l'amour du prochain ; *storgê*, l'amour entre parents et enfants). Si l'on ne peut démontrer que l'amour est une des émotions qui enrichissent et nourrissent notre existence, on peut en avoir l'intuition en constatant que les psychothérapeutes rapportent fréquemment les regrets amers de leurs patients : le célèbre Irvin Yalom témoigne ainsi, dans *Une question de mort et de vie* (Albin Michel, 2021), de la douleur de ses patients qui réalisent à l'approche de la mort qu'ils n'ont pas suffisamment vécu ni aimé, ou exprimé leur amour...

1. Jean-Didier Vincent, *Biologie des passions*, Odile Jacob, 1994.

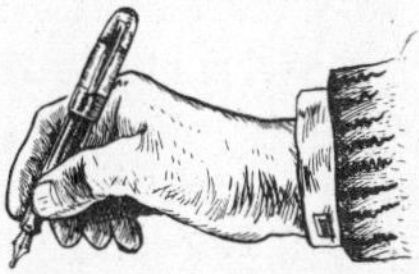

PAROLES D'AUDITEURS, MOTS D'INVITÉS

Caroline Vigneaux, humoriste et comédienne, raconte comment elle a démissionné de son cabinet d'avocats en 2007.

« J'ai été confrontée à la mort, la mort de mon grand-père que j'aimais vraiment beaucoup. Et je me suis rendu compte que moi aussi j'étais mortelle. Comme c'était un accompagnement – je suis d'une famille catholique, donc j'ai veillé mon grand-père qui était mourant –, je me suis demandé, très simplement : quand on est sur son lit de mort, à quoi doit-on penser ? Et là j'ai eu une espèce d'illumination, je me suis dit qu'on doit faire le bilan de sa vie, je pense qu'à ce moment-là, le pire doit être de se dire : "Mon Dieu, j'avais envie de faire ça, ça et ça, et je ne l'ai pas fait." Et là, clairement, il est trop tard. Ç'a été comme une espèce d'électrochoc, et face à la mort je me suis sentie encore plus vivante. »

Caroline Vigneaux, *Grand bien vous fasse !*,
« Comment oser le changement de vie ? »

★

« Grand questionnement pour moi depuis le début de cette crise. L'évidence qui en est ressortie c'est la nécessité de solidarité, de créer du lien, de contribuer au bien-être des autres. Je m'investis dans des associations

et je vais même opérer une reconversion pour travailler dans le social. »

Saé, auditeur, *Grand bien vous fasse !*, « Quel sens donner à sa vie par temps de crise ? »

« **Il y a un grand impératif,** sur lequel il faudrait se mettre en retard, c'est cet impératif du bonheur. Et qui nous rend très malheureux, parce qu'il faut un agenda extrêmement chargé pour arriver à éprouver un peu de bonheur. »

Hélène L'Heuillet, philosophe et psychanalyste, *Grand bien vous fasse !*, « Et si on mettait un peu de retard dans nos vies pressées ? »

★

« **Ce sont des sociétés laïcisées,** qui renoncent à proposer la rédemption, le salut de l'individu, et quand la société ne peut pas promettre aux individus un salut hypothétique, elle leur promet de maximiser ce qu'ils ont déjà. Et qu'est-ce qu'on a déjà ? On a des corps, on a des corps avec des sensations. Donc ce que la société promet c'est plus de votre corps et plus de vos sensations. Donc vous allez pouvoir acheter des sensations plus fortes, un goût plus intense, etc. »

Tristan Garcia, philosophe, *Grand bien vous fasse !*, « Une vie intense rend-elle heureux ? »

★

« On a beaucoup de possibilités mais une seule vie, on peut donc avoir l'impression de ne pas pouvoir faire tout ce que l'on voudrait faire. »

Caroline Péneau, journaliste à *Ça m'intéresse*, *Grand bien vous fasse !*, « Comment oser le changement de vie ? »

★

« Être soi-même, c'est facile. Il n'y a qu'à écouter les pubs : "*Be yourself*", "Venez comme vous êtes", etc. Devenir quelqu'un de bien, ça par contre, c'est un boulot de longue

haleine. Lâcher son ego pour mieux se rapprocher de ses idéaux, ça prend souvent une vie entière. »

Christophe André, psychiatre, *Grand bien vous fasse !*, « Comment vivre en accord avec soi-même ? »

★

« L'amour pour se reconstruire et petit à petit arriver à se ré-aimer soi-même, puisque cet amour de l'autre va nous nourrir, et après un accident quel qu'il soit c'est vraiment l'image de soi, l'amour de soi qui est très effrité et très détruit, et puis parce qu'il y a l'amour, il y a cette affection, il y a cette complicité, ce qui va permettre de se reconstruire. »

Christine Mirabel-Sarron, psychiatre, *Grand bien vous fasse !*, « Comment se remettre d'un accident de la vie ? »

★

« **C'est quelque chose** qui ressort de très nombreuses enquêtes : si on demande aux gens ce qu'est pour eux le sens de la vie, très souvent ce sont des témoignages de moments où on a fait quelque chose pour quelqu'un d'autre. Je crois que c'est peut-être le seul moment où on peut être sûr d'avoir une utilité et de sortir de sa propre enveloppe personnelle, pour irradier, et que les actes que l'on produit ne sont pas vains. Il y a une sorte de justification qui apparaît immédiatement dans le fait de subvenir aux besoins de quelqu'un. »

Sébastien Bohler, rédacteur en chef de *Cerveau & Psycho*, *Grand bien vous fasse !*, « Quel sens donner à sa vie par temps de crise ? »

★

« Il est important de se poser et de définir ce que l'on souhaite, ce qui est en harmonie avec soi, ce qui est vraiment au fond de son cœur, ce que l'on veut pour soi et pour ses proches. »

Christine Mirabel-Sarron, psychiatre, *Grand bien vous fasse !*, « Comment se remettre d'un accident de la vie ? »

« **Ce qui est crucial** dans ces expériences de croissance post-traumatique, c'est l'idée que les choses ont un sens. Parce que le trauma est le contraire du sens, c'est d'un seul coup le chaos qui fait irruption dans la vie, et tous les repères de l'individu s'effondrent, toutes ses croyances sur les relations avec ses proches, sur la capacité d'être protégé, par la technologie, par le système de santé, à un moment s'effritent, et face au chaos l'esprit humain a besoin de reconstituer du sens. Quand la personne passe par ce processus, parfois elle se dit qu'il y a quelque part derrière un dessein secret, et parfois aussi un dessein surnaturel, et là, la dimension spirituelle intervient. »

Sébastien Bohler, rédacteur en chef de *Cerveau & Psycho*, *Grand bien vous fasse !*, « Comment se relever d'un traumatisme psychologique ? »

★

« Voyez les personnes déprimées. Il n'y a plus de sens dans leur vie car elles ont perdu trois capacités fondamentales : l'envie d'agir, ce que l'on appelle l'élan vital, la capacité au plaisir – ce symptôme se nomme anhédonie – et le lien aux autres, tant leur souffrance les replie sur elles-mêmes. Lorsque la dépression guérit, ces signes s'inversent et on retrouve l'équation du sens. Ce qui donne du sens à notre vie, c'est de nous lancer dans des actions qui nous mettent en lien avec les autres, agir avec les autres, agir pour les autres. Le travail d'équipe donne du sens, l'altruisme donne du sens et ils font naître un bonheur plus fort que le plaisir. C'est simple : à chaque fois que notre vie prend du sens, on sent le curseur du bonheur grimper. Le bonheur, c'est le compteur Geiger du sens. Plus il y a de sens, plus le bip-bip du bonheur est fort. Écoutez-le dans les prochains jours, ce bip-bip, et vous verrez quels sont les moments qui donnent du sens à votre vie. »

Christophe André, psychiatre, *Grand bien vous fasse !*, « Quel sens donner à sa vie par temps de crise ? »

★

« **C'est tout simplement le matin,** quand je monte réveiller mes enfants qui sont encore endormis, juste avant leur journée d'école ou de travail à la maison. C'est ce moment assez magique où, d'abord, on a quelques secondes pour les observer en train de dormir, dans la profonde différence de leur sommeil, comme disait le poète... et puis c'est les réveiller délicatement, mais suffisamment pour qu'ils se réveillent quand même : et les voir eux-mêmes s'éveiller à la vie. Moi, évidemment, ça me réjouit, ça me touche et je trouve que c'est une sorte de truc absolument magique. »

Thibaut de Saint-Maurice,
professeur de philosophie, *Grand bien vous fasse !*,
« À quoi tient le goût de la vie ? »

★

« **Tout à l'heure** vous avez parlé du titre en disant "grandir malgré les épreuves" : je dirais que c'est grandir grâce aux épreuves. Parce que, vous savez, le cerveau est un peu fainéant, il ne va pas faire grand-chose sans y être contraint. Et l'adversité est un moteur absolument extraordinaire de résistance, de croissance post-traumatique. Je voudrais passer ce message-là aux auditeurs, parce que je sais que beaucoup sont en souffrance : croyez en vous, battez-vous, battez-vous comme des chiens, acceptez vos vulnérabilités, et vous serez très surpris par l'évolution qui se produira. Continuez à croire en la vie, continuez à sourire à la vie : il faut être patient, il faut être humble par rapport à cela, mais il faut évidemment ne jamais perdre espoir. »

Cyril Cosar, psychologue clinicien,
***Grand bien vous fasse !*, « Comment se relever**
d'un traumatisme psychologique ? »

★

Christine Mirabel-Sarron explique en quoi le grave accident qu'elle a subi l'a changée.
« De nouvelles amitiés, peut-être plus dans des choses essentielles, les valeurs de la vie, et moins, je dirais, dans le superficiel. Avant l'accident de voiture, j'étais quelqu'un d'extraverti, j'aimais beaucoup les vêtements, le maquillage, les breloques et tout ça… Donc j'étais beaucoup, quand même, dans l'image, portée par la société mais aussi par moi-même, et c'est un changement radical puisque même si j'aime toujours ça, ce n'est plus du tout essentiel, ce n'est plus cet aspect-là que l'on a de moi aujourd'hui. »

Christine Mirabel-Sarron, psychiatre, *Grand bien vous fasse !*, « Comment se remettre d'un accident de la vie ? »

« L'homme n'est qu'un roseau, le plus faible de la nature, mais c'est un roseau pensant », écrivait Blaise Pascal. Paradoxe apparent.

L'HOMME EST UN ANIMAL MÉTAPHYSIQUE

C'est là qu'est notre force : nous ne cessons de nous interroger sur le sens de notre fragilité, de notre finitude. Une quête qui est notre dignité.

COMMENT DONNER DU SENS À SA VIE ?

En Grande-Bretagne, la question du sens de la vie est synonyme de question vaine... et considérée avec ironie : les célèbres Monty Python se sont emparés de ce thème dans l'un de leurs films (*The Meaning of Life*, 1983). Avec leur humour ravageur, les réalisateurs-acteurs tournent en dérision l'interrogation existentielle, apportant une réponse à la question : la vie n'a aucun sens, tout comme leur humour absurde... Impossible d'oublier certaines scènes dignes des surréalistes (en plus drôles), comme celle où un couple au restaurant choisit « le sens de la vie » comme sujet d'une conversation qui se révèle désespérément ennuyeuse... Ne pas se prendre au sérieux est donc une des clés pour traverser l'existence... Ce qui ne suffit pas à nous empêcher de revenir toujours à cette bonne vieille interrogation...

Ce sont les situations dramatiques, tragiques ou insensées de la vie qui nous mettent violemment face à l'absurdité la plus radicale.

La déportation au camp d'Auschwitz a été pour Victor Frankl, le célèbre psychiatre autrichien créateur de la logothérapie (thérapie par le sens), l'interrogation centrale : comment vivre dans un univers fou, insensé ? Pour lui, la réponse tenait dans l'espoir, la volonté de pouvoir reconstituer et écrire l'étude commencée avant l'arrivée au camp, et qui lui avait été brutalement confisquée. L'œuvre devait être achevée. Voici ce qui advint juste après la sélection à son arrivée dans le camp : « M'approchant furtivement de lui [un autre prisonnier], je lui montrai un rouleau de papier qui se trouvait dans la poche intérieure de mon manteau et lui dis : “Écoutez, ceci est le manuscrit d'un livre scientifique. [...] Je veux sauver ce manuscrit à tout prix. Il contient l'œuvre de ma vie. Vous comprenez[1] ?" » Malgré la perte de ce précieux manuscrit, l'esprit d'observation de Frankl l'a amené à étudier les réactions des prisonniers et les siennes. Il s'est interrogé sur le sens de la vie de chaque individu dans le camp d'Auschwitz et après leur libération. Comment se faisait-il que les détenus apparemment les plus forts physiquement semblaient être ceux qui dépérissaient le plus rapidement ? Sa réponse fut la suivante : « Face à l'absurde, les plus fragiles avaient développé une vie intérieure qui leur laissait une place pour garder l'espoir et questionner le sens. » Frankl a été libéré en 1945 et cette observation, de même que sa propre expérience (cette interrogation et le désir de mettre au point la thérapie orientée vers cette quête l'ont aidé à tenir), le conduisirent à élaborer sa théorie. Frankl postule qu'au-delà des névroses telles qu'elles ont été définies par Freud, le sentiment de vide existentiel provoque chez ses patients dépressions, angoisse et tendances suicidaires.

Cette vision de l'être humain fondamentalement assoiffé de sens a reçu peu d'échos en France. Pourtant, elle pose une question plus que jamais d'actualité : nos vies ultramodernes, connectées, rapides, consommatrices, débarrassées de tout lien avec la religion (au sens large), éloignées de la nature, se retrouvent réduites à leur plus simple expression, celle d'une existence purement dans l'action, dans la pulsion et la recherche de sa satisfaction. Cela ne provoquerait-il pas un malaise profond ? Les recours violents aux extrémismes, la consommation toujours plus importante d'antidépresseurs et de drogues, la violence, par exemple, n'en seraient-ils pas des manifestations délétères ?

1. Viktor E. Frankl, *Découvrir un sens à sa vie grâce à la logothérapie*, J'ai lu.

QU'EN DISENT LES DERNIÈRES ÉTUDES ?

En psychologie, de nombreuses recherches montrent que les humains ont besoin, pour être épanouis et équilibrés, de trois dimensions :

▶ l'affectivité, les relations (amicales, amoureuses, familiales, sociales[1]). La qualité et la solidité de ces liens sont essentielles. Nous avons un besoin vital de sécurité affective, c'est-à-dire d'éprouver que nous sommes entourés et de savoir que nous pouvons compter sur les autres. La solitude (non choisie) est une cause importante de la dépression. Ce besoin vital nous accompagne depuis notre naissance. Nous savons que les enfants laissés à eux-mêmes entre six et quinze mois sont victimes du syndrome de l'hospitalisme, mis en évidence par René Spitz : sans figure d'attachement, ces enfants dépérissent, ne se développent pas normalement et présentent dans les cas les plus graves des atteintes cérébrales irréversibles. Les personnes âgées isolées, quant à elles, peuvent être atteintes du syndrome du glissement, se laissant aller peu à peu au détachement jusqu'au décès. De nombreuses personnes en ont été victimes durant le premier confinement, lorsque les visites dans les Ehpad étaient interdites : les liens

1. Voir le n° 2 de *Grand bien vous fasse !*, « La Puissance des liens ».

qui donnaient du sens à leur vie ayant disparu, tout intérêt pour l'existence s'évanouissait.

▶ l'action (le travail, l'engagement, la création au sens large), à condition qu'elle soit en cohérence avec nos valeurs. La dissonance entre nos convictions profondes et nos actions peut être source de souffrances, conduire au burn-out dans le travail. Dans les professions de santé, par exemple, où les conditions de travail sont souvent difficiles – on le voit avec la prise en charge des patients durant la crise de la Covid –, si l'écart entre la réalité de la situation (grand nombre de patients, situation de crise qui s'éternise, prise en charge détériorée, manque de personnel) et les valeurs est trop important, le conflit qui en résulte, le découragement, le sentiment de ne pas remplir sa mission correctement, d'être face à une situation douloureuse, absurde et insoluble, ont conduit à des burn-out sévères : une étude récente faisait apparaître que sept soignants sur dix, toutes professions confondues, reconnaissaient être en situation d'épuisement professionnel et 98 % des participants à l'étude avaient connu « des manifestations de burn-out à un moment ou un autre de leur vie professionnelle[1] ».

> Les liens qui donnaient du sens à leur vie ayant disparu, tout intérêt pour l'existence s'évanouissait.

▶ la vie dite « intérieure », interrogation, désir d'apprendre, convictions, valeurs, aspirations (philosophiques, religieuses…).

C'est l'accomplissement de ces dimensions qui donne du sens à notre existence. Quand nous en sommes privés, nous tombons dans une sensation d'absurdité, de vide…

1. Nuance communication/HIMSS.

PHILO ET PSYCHO, MAIN DANS LA MAIN ?

Pour une fois, psycho et philo se tiennent la main face à cette question du sens : impossible de les démêler. L'angoisse existentielle peut donner naissance à de vrais troubles psychiques : dépression, pensées suicidaires... Cette particularité humaine (les animaux ne connaissent sans doute pas ces interrogations, pour autant que nous le sachions) est résumée par Arthur Schopenhauer dans sa célèbre formule : « L'homme est un animal métaphysique », qui s'étonne de sa propre existence, un être aspirant à l'absolu. « C'est alors enfin, avec l'apparition de la raison, c'est-à-dire chez l'homme, qu'elle [l'essence intime de la nature] s'éveille pour la première fois à la réflexion : elle s'étonne de ses propres œuvres et se demande à elle-même ce qu'elle est. Son étonnement est d'autant plus sérieux que, pour la première fois, elle s'approche de la mort avec une pleine conscience, et qu'avec la limitation de toute existence, l'inutilité de tout effort devient pour elle plus ou moins évidente. De cette réflexion et de cet étonnement naît le besoin métaphysique, qui est propre à l'homme seul[1]. » Nous sommes donc seuls face à cette question vertigineuse.

« Qui ne s'interroge pas est une bête car le souci constitutif de toute vie humaine est celui de son sens », écrit encore Schopenhauer. Cette interrogation nous accompagne tout au long de notre vie et sans aucun doute depuis les débuts de l'humanité, probablement dès que nous avons procédé à des rituels funéraires, c'est-à-dire au Paléolithique moyen, il y a environ trente mille ans.

---

1. Arthur Schopenhauer, *Le Monde comme volonté et comme représentation*, PUF.

« D'où venons-nous ? Que sommes-nous ? Où allons-nous ? » Telle est l'inscription qui figure sur l'une des toiles les plus célèbres de Paul Gauguin. Ces questions essentielles, existentielles, nous habitent dès que nous avons conscience de notre mortalité (interrogation qui ne hante pas les animaux, pour autant qu'on le sache) : face à la brièveté de notre passage sur Terre, aux drames qui nous touchent, nous cherchons des réponses, un sens. Ce besoin est une des caractéristiques de notre fonctionnement cérébral (voir l'interview de Sébastien Bohler, p. 19). Il est aussi indispensable à notre fonctionnement psychique : dans un univers dépourvu de sens, nous devenons fous, ce qu'ont bien compris tous les tortionnaires, en particulier les nazis qui, en plongeant les victimes de la Shoah dans un univers insensé, les dépouillaient de leur dignité humaine et accéléraient leur fin.

D'où venons-nous ?
Que sommes-nous ?
Où allons-nous ?

À LA RECHERCHE DE RÉPONSES

Dès lors, puisqu'il n'est pas possible d'y échapper, nous tentons d'y répondre. Les philosophes, les premiers, se sont saisis de l'énigme : les présocratiques, Anaxagore, les stoïciens, Aristote, Platon, et plus tard Marc Aurèle et Sénèque, préfigurateurs de la vision du bien et du mal, de l'éthique de la vertu occidentale. Pour les philosophes de l'Antiquité, le sens de la vie réside dans le fait de mener « une vie bonne ». Tout au long des siècles, cette interrogation a traversé la pensée, de Descartes et Pascal jusqu'à Schopenhauer, Nietzsche, Camus et Sartre, avec lesquels pointent les questions de la responsabilité et de la liberté de chacun de décider de son existence.

L'art a exploré notre finitude à travers la peinture (depuis Rembrandt jusqu'à Francis Bacon ou Gérard Garouste, en passant par Dürer, Goya...), la sculpture (Rodin, Giacometti), la musique (Mozart, Verdi...), la littérature (Shakespeare et la célèbre tirade d'Hamlet « *To be or not to be...* »). Aucun domaine des activités humaines n'échappe à cette question.

QUE RECHERCHONS-NOUS AUJOURD'HUI ?

Le développement de la mondialisation, des modes de vie occidentalisés et de l'individualisme, la désaffection de la religion (qui va de pair avec le développement des intégrismes), nous conduisent à ne pas chercher LE sens de la vie mais UN sens à notre vie. Le but est de se réaliser en tant qu'individu. Libération des anciennes contraintes, accession au choix ? C'est bien là que le bât blesse car porter la responsabilité de l'inclinaison de sa propre vie peut être diablement angoissant... Si tant est, d'ailleurs, que cette liberté soit réelle : rappelons que nos choix sont tributaires de nombreuses conditions. Matérielles, d'abord. Pour pouvoir choisir, il faut en avoir les moyens. Un SDF n'a pas ou peu la possibilité, par exemple, de voyager... Ses options sont singulièrement réduites. Culturelles, ensuite. Si vous n'avez pas pu suivre des études qui vous permettent d'accéder à des professions intéressantes, votre vie sera soumise à un éventail réduit de domaines d'activité. Si vous êtes une femme, le choix rétrécit encore. Et si vous êtes noire, vos conditions seront encore plus dégradées... Ce qui ne signifie pas que les choses soient faciles pour ceux qui bénéficient de conditions plus aisées. Le psychanalyste Gérard Bonnet remarque : « Vivre sa vie exige désormais que l'on creuse au plus profond de soi pour trouver son désir, son idéal, pour choisir ensuite tout ce qui va les nourrir et les satisfaire[1]. » C'est justement cette exigence personnelle qui peut provoquer angoisse et paradoxalement paralysie. Or l'erreur est de confondre la multiplicité des choix qui s'offrent à nous, dans une attitude consumériste, avec le sens que nous voudrions donner ou trouver à notre existence. Bien plus profonde est la nécessité de la perception de nos aspirations, de nos besoins intérieurs. Pour comprendre et satisfaire notre besoin de sens, il nous faut apprendre à nous écouter. Cela demande du courage, du silence et du temps. Un espace intérieur indispensable.

QUE NOUS ONT APPRIS LES CONFINEMENTS ?

Ce temps suspendu, les confinements nous l'ont imposé, y compris, paradoxalement, dans l'agitation et l'asphyxie provoquées par la cohabitation de tous les membres d'une famille dans des espaces trop étroits. Ce dont on s'arrangeait jusqu'alors est devenu insupportable. Et tous les niveaux sociaux sont touchés : pour une jeune infirmière interrogée par le quotidien suisse *Le Temps*, cette pause obligatoire a été l'occasion de renouer avec un domaine qu'elle a toujours aimé mais jamais eu le courage d'affronter, la couture. Parce qu'il

1. Flavia Mazelin-Salvi, psychologies.com, 18 mai 2021, qui cite Gérard Bonnet, auteur de *L'Autopsychanalyse, oubli, lapsus, perte d'objets* et de *Narcissisme, de l'amour de soi à l'amour de l'autre* (Éditions In Press).

faut gagner sa vie, parce que le quotidien étouffe les envies... Elle prend des cours en ligne et se lance, vend ses créations. Et modifie son activité, devenant infirmière et créatrice à temps partiel[1]. Beaucoup de personnes veulent laisser parler ce qu'elles ont tu. Fanny Parise, anthropologue, témoigne dans le même article : « D'une manière paradoxale, à l'arrivée de ce fait social inattendu [la pandémie], l'imaginaire a fonctionné comme un mécanisme de survie ou de défense. » Le mouvement est profond et le télétravail le confirme : le mouvement des urbains vers les régions s'accentue. Le besoin d'espace, de changement de rythme et de retrouver du sens s'accentue. Ce qui ne veut pas dire que tout le monde s'y retrouve (pour beaucoup, c'est tout simplement impossible) ni que le bonheur soit au coin de la rue de la petite ville... Beaucoup plus simplement, ces tendances signalent que, malgré la « start-up nation », indéfectiblement, nous sommes assoiffés de sens. Remplir un caddie ou s'étourdir de distractions ne suffit pas... même si nous avons voulu le croire. « La surface de nos vies ou l'apparence des choses ou des êtres ne sont pas en soi un problème, écrit Reza Moghaddassi, puisqu'elles sont le point de départ de notre quête. Le problème est de rester prisonnier de ces apparences. Ce n'est pas par l'essentiel que tout commence mais c'est vers l'essentiel que nous pouvons cheminer. Ce cheminement n'est plus horizontal, mais vertical : il ne renvoie pas tant à l'enchaînement de nos vies qu'à toutes les percées, fugitives ou décisives, d'un sens qui nous donne le sentiment de nous élever et de participer plus véritablement à la vie [...]. À travers la grâce d'un instant ou d'une rencontre, surgit soudain un appel à passer du néant à l'être, de l'avoir à l'être, du paraître à l'être. » C'est vers cela que nous tendons, parfois maladroitement, parfois même sans le comprendre clairement. Mais lorsque notre vie prend son

---

1. Marion Police, Julie Eigenmann, letemps.ch, 13 mars 2021.

sens, déploie sa plénitude, nous le savons, nous le ressentons, par ce sentiment unique d'être à notre place, d'être là où nous devons nous trouver, en accord avec nos valeurs profondes.

À la rencontre de...

AÏDA N'DIAYE

Philosophe et chroniqueuse à *Grand bien vous fasse !*, productrice durant l'été 2021, sur France Culture, d'une série sur l'œuvre de Simone Weil (1909-1943), autrice (entre autres) de *L'Enracinement*, Aïda N'Diaye nous dit en quoi la pensée de cette philosophe peut nous aider à trouver du sens dans notre existence.

Simone Weil, qui a réfléchi intensément à la question du sens de l'existence, a fait de son exigence et de ses engagements un mode de vie. En quoi peut-elle nous inspirer aujourd'hui ?
Même s'il ne s'agit pas d'aller aussi loin qu'elle (elle refusait par exemple de se chauffer ou de se nourrir pour partager les souffrances des personnes dans le besoin), nous pouvons nous inspirer de sa pensée et de ses actions. Ce qui est frappant chez elle, c'est qu'elle suit un sens, dans les deux acceptions du mot : une direction et une signification.
Simone Weil était une philosophe à la croisée de deux mondes : elle était à la fois marxiste et très platonicienne, très spirituelle. La question du sens se pose donc aussi pour elle dans une perspective mystique. Sa particularité, c'est son engagement durant une vie courte : le travail en usine, la guerre d'Espagne, le séjour en Allemagne à l'époque de la montée du nazisme, le travail aux champs pendant la guerre, son engagement contre le colonialisme ou auprès des chômeurs, et puis son entrée dans la résistance et sa mort à Londres, une ville qu'elle avait rejointe

dans l'espoir d'être parachutée en mission, ce qui lui sera refusé. Les raisons de sa mort sont floues, mais une des hypothèses est qu'elle se serait laissée mourir de faim dans la tristesse de ne pouvoir combattre en France.

Il y a là quelque chose d'extrême, de presque sacrificiel, qui semble impossible pour nous tous.
C'est vrai. Une de ses amies, qui a écrit sa biographie, raconte que durant la Première Guerre mondiale, jeune adolescente, elle laissait de côté les morceaux de sucre pour les soldats au front. Plus tard, enseignante, elle refuse une partie de son salaire pour qu'elle soit reversée aux « malheureux », selon son expression. Elle s'engage auprès des chômeurs, ce qui fait scandale dans ces années-là : ça ne se faisait pas du tout pour une femme ! Est-ce une culpabilité de classe ? Autre chose ? Ce n'est pas très clair. Il est difficile de dire d'où vient l'attention aux autres et surtout aux plus faibles qu'elle manifesta dès le plus jeune âge. Ce qui est finalement inspirant, c'est cette préoccupation du lien social, cette idée que la vie n'a de sens que dans la cité, c'est-à-dire dans la communauté où chacun doit prendre soin des responsabilités de la vie commune. Simone Weil traverse une époque de crise, tout comme nous. Elle montre, au travers de sa vie comme dans ses œuvres, que le sens se trouve là, dans l'engagement dans des associations comme dans l'action politique. C'est la préoccupation des autres, ce qu'elle nomme « l'attention ». Bien entendu, nous ne sommes pas obligés d'aller comme elle jusqu'au bout du sacrifice !

Cela pourrait être paralysant...
En effet... Mais ce qui est important et inspirant, c'est son analyse très contemporaine des rapports de classes, des rapports de force, de domination : sa description des « malheureux », de l'étranger, du colonisé, de l'ouvrier, du malade, du vieillard, est en phase avec le *care*, comme on dit aujourd'hui. Elle souligne qu'il faut donner un souffle et

que l'on n'en sortira pas par la force. Son projet d'infirmière pendant la guerre, c'est bien cela. Judith Butler a publié un livre intitulé *La Force de la non-violence*, qui s'inscrit dans cette mouvance. Comment, aujourd'hui, pouvons-nous donner du sens et de l'efficacité au combat politique, aux luttes, sans être dans la violence, dans l'hubris de la toute-puissance ? C'est cela la question. Face à la montée de l'individualisme qui nous met en concurrence les uns avec les autres, cela peut nous interpeller. Déplaçons-nous un peu et voyons ce qui émerge. Simone Weil pressent les prémices du libéralisme et du machinisme tels qu'on les connaît aujourd'hui, elle parle aussi de la nature... Toutes choses qui nous concernent aujourd'hui.

Comment, concrètement, s'appuyer sur sa pensée pour agir ? Nous nous trouvons devant des situations – en particulier la menace environnementale – inédites dans l'histoire de l'humanité.
Rousseau, dans *Le Contrat social*, écrit que tout le monde peut comprendre que les intérêts particuliers ne peuvent s'accomplir qu'en lien avec l'intérêt général. Il faut toujours penser d'abord à l'intérêt commun, avant l'intérêt particulier. Or, nous finissons toujours par perdre de vue ce calcul-là. Nous sommes toujours susceptibles de regarder davantage ce que cela nous coûte que ce que nous avons tous à y gagner. Au moment de payer nos impôts, par exemple, nous ne voyons pas immédiatement ou directement ce que cela nous apporte, à nous tous et à chacun, nous avons tendance à trouver que c'est trop ! Ce que Simone Weil montre, c'est que le commun doit être premier. Aujourd'hui, nous devons sortir de l'individualisme qui est en train de détruire la nature et la démocratie. Nous devrions tenter de retrouver l'idéal antique de la vraie communauté d'intérêts et de valeurs. Nous savons, par ailleurs, grâce aux sciences cognitives, que les actes altruistes nous apportent plus de satisfaction.

La prise en compte du commun serait donc un des moyens de trouver du sens à notre existence. Toute vie qui ignorerait cette dimension serait vouée à l'absurde…
C'est cela qui peut parler à tout le monde dans la spiritualité de Simone Weil : pour elle, il faut trouver du sens dans la nécessité, dans l'acceptation de l'ordre des choses, des lois de la nature, par exemple. C'est là que se cache la liberté. Ce n'est pas une soumission mais une acceptation. En cela, elle est proche des philosophies orientales. Qu'il s'agisse de la famille, des amis, de communautés plus élargies, c'est dans le rapport avec les autres que l'on trouve du sens à l'existence. Si l'on se penche sur la question du travail, par exemple, il y a là quelque chose d'intéressant : regardons de plus près, tout comme elle l'a fait en allant travailler en usine, les conditions de production des objets que nous consommons. Peut-être que si nous étions face aux conditions de travail et de vie des personnes qui travaillent dans les mines d'où sortent les métaux nécessaires aux téléphones portables, nous en consommerions moins, et pas avec une telle légèreté… Beaucoup de choses sont masquées et se dégradent. Nous vivons le retour du travail à la tâche avec les plates-formes, mais nous ne le voyons pas ou ne voulons pas le voir… Nous voyons juste le chauffeur Uber ou la pizza du livreur Deliveroo. Nous avons besoin de faire l'expérience de la réalité pour entretenir avec elle un rapport juste, qui soit moins destructeur de la nature et des liens sociaux.

Pourtant des mouvements voient le jour, les jeunes générations s'engagent.
Les deux cohabitent : un vrai sens de la communauté qui émerge et de vrais aveuglements. Et cela peut coexister. Le travail est au cœur du problème : si on s'épuise au travail, cela ne crée pas les conditions pour lutter… Simone Weil dit par ailleurs, à propos du travail en usine, qu'il est un écrasement de toute la personne qui rend impossible tout acte de rébellion. Il peut y avoir différentes manières de

lutter : donner une éducation féministe à ses enfants, par exemple, sans forcément s'engager dans des combats, ce que tout le monde n'a pas l'envie ou la possibilité de faire. Eva Illouz dit que si on insiste sur des modes individuels de résilience, comme la méditation, on fait porter sur les individus la responsabilité de leur bien-être, et cela fait écran aux leviers collectifs (sociaux ou politiques) nécessaires pour améliorer nos vies (en améliorant par exemple les conditions de travail). Il faudrait remettre le commun au cœur de nos prises de conscience.

Est-ce vers cela que nous tendons ?
Nous devons revoir nos priorités, mettre en avant le social et le politique, ce qui n'est pas exclusif de nos initiatives individuelles. Nous en avons besoin, y compris dans nos relations personnelles, familiales, intimes. Et nous avons besoin aussi de retrouver du temps.

PAROLES DE PHILOSOPHES

LA VIE A-T-ELLE UN SENS ?

Le sens de la vie, ou celui que nous lui donnons, est au centre de la réflexion philosophique. Voici quelques-uns des penseurs qui, depuis l'Antiquité, ont mis cette question au cœur de leur travail.

■ Avec Laurence Devillairs

SÉNÈQUE

Né à Cordoue, acculé au suicide par Néron dont il a été le précepteur, en 65 après J.-C., Sénèque est un philosophe de l'école stoïcienne. Parmi ses œuvres les plus célèbres, les *Lettres à Lucilius*, cent vingt-quatre lettres à l'intention du jeune gouverneur de la Sicile, sont un véritable guide sur l'art de mener sa vie.

> « Vivre, c'est être utile aux autres. Vivre c'est être utile à soi. »
>
> (*Lettres à Lucilius*)

Philosophe, banquier, homme politique, conseiller du prince, Sénèque a connu la disgrâce et l'exil, la célébrité et la sagesse. Représentant du stoïcisme romain, il propose non pas tant de vivre que de s'exercer à vivre, car comprendre permet d'agir, savoir de vouloir. Le sens de l'existence est d'apprendre à ne pas être la victime de ses opinions fausses, à ne pas être l'esclave de ses passions. Être à la hauteur de ce qui nous arrive, tel est son enseignement.

***Lettres à Lucilius*, Pocket (1991)**

MICHEL DE MONTAIGNE

Né en 1533 dans son château de Saint-Michel-de-Montaigne en Dordogne, Montaigne est le plus important des philosophes de la Renaissance française, porteur des nouvelles idées humanistes. Les *Essais* sont une œuvre si profonde et si riche qu'ils n'ont cessé d'inspirer écrivains et penseurs, de Descartes à Nietzsche, jusqu'à Proust.

« La mort est bien le bout et non le but de la vie. »
(*Essais*)

Pour Montaigne, la vie est un voyage. Nous allons, sans trop savoir où ni comment. Nous ne voulons rien avec constance, rien définitivement. Nous balançons d'un côté et de l'autre, animés par l'inquiétude et l'hésitation. Mais il faut faire de cette « ivresse naturelle » l'occasion non d'une tristesse mais d'une joie. Embrasser la vie dans ce qu'elle a de toujours varié et de toujours imprévu.

***Les Essais*, Folio (2009)**

BLAISE PASCAL

« L'homme est un roseau, le plus faible de la nature, mais c'est un roseau pensant. »
(*Pensées*)

L'un des génies du XVIIe siècle, physicien, mathématicien, écrivain, philosophe, moraliste, inventeur entre autres de la première machine à calculer, Pascal a profondément marqué la pensée philosophique occidentale. Né à Clermont-Ferrand en 1623, il est mort à Paris en 1662.

Le sens nous échappe : le sens du monde, de nos actes, de notre existence même. Nous ne désirons rien tant que de trouver une assise, un socle, un roc auquel nous accrocher, une vérité à laquelle tenir, mais « notre fondement craque et la terre s'ouvre jusqu'aux abîmes ». Nous sommes à la fois incapables de ne pas désirer trouver du sens à notre présence sur terre et incapables d'en trouver.

***Les Pensées*, Le Livre de Poche (2000)**

MAURICE MERLEAU-PONTY

Contemporain de Sartre, né en 1908 et mort en 1961, professeur au Collège de France, Maurice Merleau-Ponty aimait rappeler cette phrase de Paul Cézanne : « C'est effrayant, la vie. » Car le sens de la vie n'est pas donné, il se construit, il est fait de tout ce qui nous façonne, de nos liens, de notre histoire, de notre enracinement dans le monde par notre corps et nos sens. Le sens n'est pas quelque chose d'abstrait : il vit et se vit au cœur du monde.

« Chaque vie rêve sur des énigmes dont le sens final n'est d'avance écrit nulle part. »
(*Sens et Non-Sens*)

***Phénoménologie de la perception*, Gallimard (1976)**

FRIEDRICH NIETZSCHE

Le philosophe et poète allemand, né en 1844 et mort en 1900, a exercé une influence déterminante sur la pensée contemporaine. « Dieu est mort », a-t-il proclamé, libéré des exigences morales et religieuses, et disponible pour embrasser la vie dans toute sa complexité.

Vivre, c'est ne pas chercher à trouver un sens à la vie. La vie vaut pour elle-même. Nous ne devons la recouvrir ni par les impératifs de la morale ni par les mensonges de la

« Que te dit ta conscience ? Tu dois devenir l'homme que tu es. » (*Le Gai Savoir*)

philosophie. La philosophie la plus honnête est celle qui ne cherche pas à soumettre la vie à la volonté de sens à tout prix, car la vie par elle-même, avec ses peines et ses joies, ses ratés et ses victoires, a un prix.

***Ainsi parlait Zarathoustra*, Le Livre de Poche (1972)**

HANS BLUMENBERG

« La conscience du bonheur repose très largement sur les protections possibles contre la réalité. Sur la capacité d'illusion (...). On part en vacances pour être vraiment heureux, pour rompre le contexte de la réalité. » (*Description de l'homme*)

Philosophe allemand, né en 1920 et mort en 1996. Nous ne cessons de chercher du sens à la réalité alors qu'elle est là, indifférente, absolue et muette. Elle est terrifiante par son silence même. Nous avons besoin de la « faire parler », de la rendre pour nous « habitable ». Nous nous efforçons de l'apprivoiser, en la réenchantant, en recouvrant son silence de nos histoires et de nos mythes, de nos dieux et de notre philosophie. Donner du sens à la réalité, la nôtre et celle du monde, c'est d'une certaine façon se mettre à l'abri de ce qu'elle peut avoir d'inhospitalier.

***La Lisibilité du monde*, Cerf (2007)**

« VIVRE, C'EST DONNER DU SENS. »

L'éclairage de Laurence Devillairs

Philosophe, maîtresse de conférences et essayiste, autrice de plusieurs livres qui ont connu un vrai succès – *Être quelqu'un de bien* (PUF, 2019), *Guérir la vie par la philosophie* (PUF, 2020)... –, Laurence Devillairs nous explique pourquoi nous sommes des êtres de sens et pourquoi la recherche de signification à tout prix peut être une erreur.

De votre point de vue de philosophe, pourquoi avons-nous besoin de sens ?

Vaste question... qui d'une certaine façon ne se pose pas ! Nous sommes des machines à fabriquer du sens. Là où il semble ne pas y en avoir, nous en mettons ou en trouvons. Si ce n'était pas le cas, la vie serait invivable. On pourrait reformuler la question ainsi : pourquoi y a-t-il du sens plutôt que rien ? Parce que le « rien » est insupportable. Vivre, c'est donner du sens.

L'absence de sens nous renvoie au néant...

L'absence de sens est humainement impossible à affronter et à supporter. Nous n'avons pas « besoin » de sens : nous avons un *instinct* de sens. Nous donnons spontanément, nécessairement, une signification à ce que nous vivons.

Quel serait alors le sens de la vie ?

La question se pose rarement, voire jamais. Ou alors dans des moments cruels de la vie, lorsque nous avons l'impression d'être mis en échec, lorsque notre vie même semble empêchée. On pourrait donc dire qu'il y a un besoin de sens parce que certains événements de notre vie paraissent ne pas en avoir. La souffrance, la violence, le deuil sont dépourvus de signification : il n'y a rien à en dire mais tout à en subir. La souffrance est inutile : elle ne sert à rien et n'apporte rien. Je m'insurge contre les courants de pensée qui voudraient nous faire croire que les épreuves, la souffrance, ont un sens. C'est ce que prêchait le catholicisme de ma grand-mère : l'homme ne peut que souffrir car il a été séparé de sa vraie nature par le péché originel. La souffrance aurait donc un sens, entre punition et rédemption. D'autant plus que Dieu lui-même, à travers le Christ, a souffert. Pour nous, pour racheter nos péchés. C'est une des grandes forces du christianisme d'avoir donné du sens à la souffrance. Saint Paul offusquait les Grecs en parlant d'un Dieu mort sur la croix, souffrant et perdant. Ce n'était absolument pas l'image grecque du sage.

Mais il y a une moralisation de la souffrance qui est insupportable et fausse, car toute souffrance est contraire à la vie et, de ce fait, absurde : l'échec, le deuil, la rupture amoureuse, le harcèlement, la perte de reconnaissance et d'emploi, tout cela est douloureux précisément parce que cela n'a pas de sens, parce que c'est fondamentalement immérité, injuste. La morale de la souffrance est une injure à la souffrance, laquelle est toujours inutile et scandaleuse, un non-sens. Nietzsche a raison de dire que le christianisme aime la vie lorsqu'elle est rabougrie, souffrante. Il pose une question importante : si, devant la peine de son prochain, on est – et surtout les âmes pieuses – capable de compassion, de bienveillance, est-on également capable de se réjouir du bonheur des autres ?

Les âmes compatissantes se réjouissent souvent difficilement du bonheur d'autrui : « Il est dans le malheur, et voici que surviennent les "adeptes de la pitié" pour lui dépeindre son malheur : à la fin ils s'en vont rassasiés et élevés, car ils se sont délectés de l'horreur du malheur [...] et se sont offert une belle après-midi. » (Nietzsche, *Aurore*, § 224.)

C'est pourquoi Nietzsche dit que le christianisme n'aime la vie que lorsqu'elle est la moins vivante, lorsqu'elle est amoindrie et suscite la compassion. Mais si la vie est débordante, elle n'a besoin ni de sens ni de bienveillance !

C'est-à-dire ?

La vie se suffit à elle-même. C'est cela que va opposer Nietzsche au christianisme. Il faut aimer la vie sans lui chercher un sens qui ferait aspirer à autre chose qu'à ce que l'on vit. Il faut être capable de dire *oui* à la vie, en la regardant en face, en toute circonstance, dans ce qu'elle peut avoir de petit, de pesant, de laid ou de douloureux. Sans chercher d'échappatoire ni un sens là où il n'y en a pas.

C'est une caractéristique de toutes les religions : toutes envisagent la vie après la mort.

Oui, toutes, quelles qu'elles soient. La résurrection, la métempsychose, la réincarnation : cela prend des formes différentes, mais ce sont des tentatives pour répondre à l'insoutenable de la fin. Car quelle signification peut avoir la vie si elle finit ? Si tout doit finir, nos réalisations, nos amours, nos ambitions, nos plaisirs et nos projets ? Pour les religions, la fin n'est pas la fin. Quelle consolation ! La vie a horreur du vide. Or le non-sens, la souffrance comme l'injustice, c'est du vide.

Cela pose la question du suicide, qui soulève une énigme insoutenable.

C'est même, selon Camus, la seule question sérieuse. Comment peut-on choisir le vide ? Comment la vie peut-elle vouloir sa propre négation ? À cela, je crois que Pascal apporte une réponse : « Tous les hommes recherchent d'être heureux. Cela est sans exception [...] jusqu'à ceux qui vont se pendre. » (*Pensées*, fragment 181.) C'est tout le paradoxe : en choisissant le suicide, on se dit que la vie sera ainsi plus vivable, plus... heureuse. On ne choisit pas le vide pour lui-même, le non-sens, la fin. C'est à peine pensable. On ne cesse de recouvrir ce qu'on vit d'une importance, d'une signification, pour que cela ne ressemble pas à un échec, à quelque chose d'inutile et d'absurde. On recouvre la vie de sens alors qu'il faudrait pouvoir l'accepter, la vivre pour ce qu'elle est, dans ses matins gris comme dans ses étés glorieux. Il y a, dans *Les Frères Karamazov* de Dostoïevski, ce dialogue à la fois terrifiant et juste entre Aliocha et son frère Ivan :

« — Je pense qu'on doit aimer la vie par-dessus tout.

— Aimer la vie plutôt que le sens de la vie ?

— Certainement. »

Aimer la vie plus que le sens de la vie, pour éviter de fuir la vie en lui cherchant des significations. Cela demande à la fois de la lucidité et une forme de courage. Le courage de vivre la vie telle qu'elle est : parfois cruelle, souvent injuste, et toujours indifférente à nos désirs.

Il y a pourtant une limite à cette acceptation : celle qui a été posée au XXe siècle par la Shoah. La cruauté la plus extrême infligée aux juifs, aux tziganes et à bien d'autres, au nom d'une idéologie mortifère et de manière industrielle. Nietzsche n'a pas connu cette période…

Qu'une idéologie ou une religion puisse en venir à faire de la mort une affirmation et un but (l'insigne des SS était une tête de mort) est un triomphe de la mort sur la vie. La mort devient alors une valeur. C'est cela, le nihilisme, la préférence donnée à tout ce qui est destruction. Dans une tout autre perspective, nos sociétés pensaient avoir mis la mort hors la loi. Et durant la pandémie, nous avons compris que nous étions mortels, que nous n'avions pas vaincu la mort. Nous ne voulions pas le savoir. Nous avons dû affronter le non-sens d'un virus terrassant la Terre entière.

Et opposé à la force de vie…

Je pense que l'Histoire est l'ensemble des dispositifs que les hommes ont tenté de mettre en œuvre pour ne pas faire triompher la mort. La Résistance, celle qu'ont appelée de Gaulle et Churchill, était une force de vie, parce que l'affirmation de la liberté est force de vie. Mais l'histoire humaine n'évacue pas les forces de mort.

C'est une perpétuelle balance, d'un pôle à l'autre… Du sens à l'absurde.

Il faut réaffirmer le caractère absolument absurde, non rédempteur, de la souffrance. Elle est toujours sans justification, sans raison. J'irais plus loin : l'usage abusif qu'on a pu faire de la psychologie positive est nocif. Il n'y a rien à retirer de la souffrance, ni même des échecs. Rien de pire que ceux qui vous parlent de « rebondir » quand vous avez tout perdu. Il y a l'obligation, de nos jours, de trouver du sens à la souffrance parce qu'il y a l'« obligation » de se « réaliser ». C'est une doctrine qui a gagné la Terre entière mais qui a une origine anglo-saxonne, liée au protestantisme évangélique américain et à la philosophie de la confiance en soi d'Emerson.

L'usage immodéré de cette psychologie a contribué à tout positiver, à refuser et escamoter le négatif de nos vies. À tout ripoliner en rose, à voir en tout du sens et une progression, une « réalisation de soi ». Il faut au contraire affronter le scandale du négatif, le non-sens de la souffrance. Sans quoi, les épreuves nous laisseront sans armes, démunis, désemparés. Le fameux retour du boomerang : on paie le prix fort ce qu'on a voulu nier, cacher, maquiller.

C'est le meilleur moyen pour plonger dans l'angoisse.
Absolument. Je pense que la consolation véritable ne va pas sans une grande lucidité. Nietzsche parlait de la « grande santé », qui fait accepter aussi les peines : je parlerais pour ma part de la grande lucidité, que j'opposerais aux consolations hâtives et donc mensongères, les fameux « Un de perdu, dix de retrouvés », « Avec le temps, le chagrin s'efface », « Il faut être résilient »... La grande lucidité, c'est la capacité d'accepter que, dans nos vies, surgissent des choses qui n'ont pas de sens : la maladie, la perte, l'affront... C'est la capacité de vivre avec, sans y chercher un sens – et c'est déjà beaucoup. Le discours qui consiste à dire à un malade « Bats-toi » est insupportable. Je ne dis pas qu'il faille renoncer, mais ce n'est pas un combat, le malade n'a pas à être un bon soldat. Il a un droit à la plainte, à la tristesse, à la peur.

Il est connu que ce qui nous soutient lors d'une épreuve, ce n'est pas de se plonger par exemple dans un livre ou un film drôle, mais bien au contraire dans ce qui peut s'approcher de la douleur que nous traversons, ainsi qu'une communauté de la douleur. Je pense par exemple au livre de William Styron *Face aux ténèbres, chronique d'une folie*, qui a aidé tant de lecteurs en proie à cette maladie mentale.
C'est ce que le philosophe tchèque Jan Patočka appelle « la société des ébranlés ». Cette communauté de la peine, et non de la pitié, donne un poids à ce que je vis, alors que le positif à

tout prix l'escamote. Il faut prendre le temps et laisser sa place à ce qui peine, sans chercher à l'embellir par du sens. Nous sommes aussi faits de tout le négatif de nos vies.

Freud a identifié ces deux forces antagonistes, Eros et Thanatos, la vie et la mort.

Ces deux forces nous constituent. Je pense même que le négatif a un pouvoir de subversion : nous devons revendiquer le droit de ne pas aller bien. Nous avons le droit de nous plaindre, le droit de dire « Je suis déprimé », le droit de ne pas lutter ! C'est une manière de dénoncer ce qui ne va pas, notamment au travail. J'en appelle à un droit à la plainte, à ne pas « rebondir ». En revanche, je crois qu'il y a en nous une sorte d'affirmation de la vie. Et c'est l'espérance.

Qu'appelez-vous « l'espérance » ?

C'est la vie qui veut la vie, ce qui me fait traverser les épreuves, continuer à être, à exister, malgré tout ce qui cherche à me diminuer, à m'abîmer. Sans chercher à positiver les épreuves, mais simplement en avançant, en ne renonçant pas à moi-même. Cette phrase de Churchill, que je cite de mémoire, m'a beaucoup marquée : « Quand on traverse un désert, il n'y a qu'une chose à faire : le traverser. » Ce n'est pas une façon de nier le désert, ni la difficulté de la traversée, mais c'est dire qu'il y a quelque chose dans la vie qui appelle la vie. Si c'est un optimisme, c'est à la condition qu'il soit passé par les larmes. C'est la vie qui dit : « Ils ne m'auront pas ! » Tenir ferme ce que l'on est, s'en tenir à soi, malgré tout. Il y a une autre phrase, d'Henri Michaux, qui m'accompagne : je la cite là aussi de mémoire : « Il faut savoir mûrir dans la glace comme au soleil. »

François Cheng dit : « À la fin, c'est toujours la vie qui gagne. »

Oui, mais pas en cherchant du sens à tout prix ! L'espérance n'est pas une fuite, un refuge, une consolation. C'est un moteur, une volonté, plus un désir qu'un vœu pieux. Ce n'est pas une naïveté mais un refus du cynisme. C'est se dire qu'il y a dans la vie plus que tout ce qui l'insulte et l'amoindrit.

Néanmoins, quelles pourraient être les raisons d'espérer ? La transmission pourrait-elle en faire partie ? Donner de l'énergie à l'existence ?

Absolument ! Toute transmission, quand quelque chose de substantiel est transmis – que cela vienne d'un professeur, d'un amoureux, d'un enfant, d'un parent, d'un tableau, d'une philosophie –, fait circuler la vie. On transmet aux autres, mais on se transmet aussi à soi-même, et c'est essentiel : avoir une pensée à soi, prendre le temps de la réflexion, s'interroger, c'est transmettre, se transmettre à soi-même. C'est une manière de mettre du mouvement dans ce qui est figé, arrêté. J'en suis convaincue : on oublie trop souvent cette transmission intime. Comprendre quelque chose, aller au-devant de ce qu'on ne connaît pas, qu'on ne sait pas, de ce à quoi on n'a jamais réfléchi, c'est se transmettre quelque chose à soi-même. C'est aussi un plaisir, le plaisir d'en savoir plus, d'avoir fait une découverte. C'est une arme puissante, qu'il faut cultiver et qui évite la consommation d'informations plus ou moins vraies, la répétition d'idées toutes faites, à la mode. C'est une manière d'être actif.

Quoi d'autre pour nous donner de l'espérance ?

Tout ce qui me donne le sentiment qu'il y a plus grand que moi. Ce n'est pas croire à un au-delà, à des Cieux, c'est avoir la certitude qu'il y a plus à vivre que ce qu'on vit, qu'il y a des réserves de vie. Il y a des actes qui donnent de l'espérance : celui qui refuse l'injustice et qui se lève, celui qui choisit de ne pas hurler avec les loups, celui qui vous défend, qui tient sa promesse... Ce sont, pour moi, des espérances parce que c'est l'irruption, ici-bas, d'une transcendance. Une transcendance de la vie même. Tout à coup, par la vertu d'un simple geste, d'une parole, on voit ce que la vie devrait être et peut être. Enfin, je pense qu'il y a aussi une transcendance du regard : ouvrir les yeux sur le monde, voir tout ce qu'il contient d'inattendu, d'inespéré. On ne sait plus regarder. On va trop vite. On enchaîne, on photographie, on ne regarde pas.

Et qu'en est-il de la création ?
Peut-elle être une raison de vivre ?

Toute forme d'action, de la plus modeste à la plus artistique, est un acte d'espérance : on apporte quelque chose au monde, avec l'espoir que ce sera mieux, plus juste, plus vrai, moins laid. Se dire que c'est mieux en le faisant plutôt qu'en laissant les choses telles qu'elles sont. En refusant le « C'est comme ça ».

Nous pouvons être acteurs d'espérance dans le moindre de nos gestes.

C'est l'espérance qui fait vivre, bien plus que le sens, qui peut nous détourner de la vie.

L'espérance n'est pas une fuite, un refuge, une consolation. C'est un moteur, une volonté, plus un désir qu'un vœu pieux. Ce n'est pas une naïveté mais un refus du cynisme.

Vous rangez aussi la solidarité, la compassion et la gentillesse dans ce qui nous fait vivre ?

Absolument. La gentillesse, l'attention aux autres, à ce qui doit être fait, tout cela c'est le sel de la vie. Et j'y inclus les animaux. Cette transcendance et cette espérance de la bonté s'appliquent aux humains comme aux animaux.

Toutes vos questions sur…

DES LIVRES À LIRE

- Sénèque, *De la tranquillité de l'âme*, Mille et une nuits
- Michel de Montaigne, Les *Essais*, Folio
- René Descartes, *Discours de la méthode*, Flammarion
- Blaise Pascal, *Pensées*, le Livre de Poche
- Jean-Marie Guyau, *Esquisse d'une morale sans punition ni sanction*, Allia
- Friedrich Nietzsche, *Le Gai Savoir*, Flammarion
- Léon Chestov, *La Nuit de Gethsémani. Essai sur la philosophie de Pascal*, Éditions de l'éclat
- Albert Camus, *Noces - L'Été*, Folio
- Henri Michaux, *Poteaux d'angle*, Poésie Gallimard
- Fernando Pessoa, *Le Livre de l'intranquillité*, Bourgeois
- Ernst Bloch, *Le Principe Espérance*, NRF Gallimard
- Hans Blumenberg, *Description de l'homme*, Les Éditions du Cerf
- Tom Regan, *Les Droits des animaux*, Hermann

RETROUVEZ *GRAND BIEN VOUS FASSE !* EN PODCAST

- **Comment cultiver l'esprit critique à tous les âges ?**
- **Comment le psychanalyste Carl Gustav Jung peut nous aider dans la vie ?**
- **Comment Montaigne peut nous aider à vivre ?**
- **Comment Albert Camus peut-il changer notre vie ?**
- **Comment Nietzsche peut nous aider dans la vie ?**
- **Comment les stoïciens peuvent nous aider dans notre vie quotidienne ?**

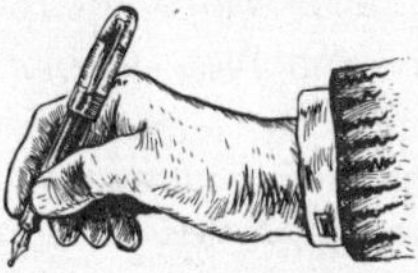

PAROLES D'AUDITEURS, MOTS D'INVITÉS

« Vous me faites penser à Bronnie Ware, une infirmière australienne en soins palliatifs qui a publié *Les Cinq Grands Regrets des personnes en fin de vie*. Parmi ces grands regrets il y a ceci : "J'aurais souhaité avoir le courage de vivre la vie que je voulais, et non pas celle que les autres attendaient de moi." »

Ali Rebeihi, *Grand bien vous fasse !*,
« Comment oser le changement de vie ? »

★

« À quarante ans, j'ai eu un grave accident de voiture [...]. Hyperactive, ancienne sportive dans le handball, j'étais immobilisée, à regarder le plafond : c'était intenable. Et je me suis dit : "Bon, qu'est-ce que je peux en apprendre, qu'est-ce que je peux en faire, de ce truc-là ?" Je voulais en sortir quelque chose de positif. J'ai fait un bilan de ma vie. Quels étaient mes rêves de petite fille, qu'est-ce que j'avais fait jusque-là, lesquels étaient encore valables, lesquels n'avaient plus de sens, lesquels faisaient de nouveau sens, les nouveaux, et ça m'a permis de faire un *reset*. Et je me suis dit : "Je ne suis pas morte ce jour-là. On n'a pas voulu de moi là-haut." C'est un cadeau, c'est la cerise sur le gâteau depuis ce 14 juin 2003 : chaque jour, c'est même plus qu'un cadeau, c'est un prix. Qu'est-ce que j'en fais et comment est-ce que je peux le rendre aux autres ? Je me suis dit que le meilleur moyen c'était aussi d'apprendre sur moi, d'apprendre sur mon corps qui est une machine absolument extraordinaire, incroyable [...]. C'est ce qui m'a permis de me reconstruire. »

Christine, auditrice, *Grand bien vous fasse !*,
« Comment se remettre d'un accident de la vie ? »

★

Anciennement salariée marketing, Bérénice a opéré une reconversion professionnelle pour devenir psychothérapeute. « Trouver un travail qui ait davantage de sens, en accord avec mes valeurs, et quitter cet univers capitaliste. Maintenant, ce n'est pas simple de quitter la sécurité du monde du salariat, j'avais effectivement une peur. Le harcèlement moral a été le coup de pied qui m'a permis de quitter ce monde, et finalement j'ai pu transformer cette expérience malheureuse puisque aujourd'hui j'accompagne énormément de personnes qui subissent cela. »

Bérénice, auditrice, *Grand bien vous fasse !*,
« Comment réussir son changement de vie ? »

★

« Je crois qu'il est très toxique de regarder dans l'assiette des autres, et qu'il faut vraiment avoir l'idée de faire, chaque jour, son petit chemin et – c'est ce qui compte – avec indulgence. »

Aurélia Schneider, psychiatre, *Grand bien vous fasse !*,
« Comment se remettre d'un accident de la vie ? »

★

« Camus trouve une source de jouissance inépuisable dans l'absence de consolation. Puisque à partir du moment où l'on considère que le monde qui est le nôtre est le seul qui nous est donné, on a d'autant plus de raisons d'en profiter maintenant. »

Marylin Maeso, agrégée de philosophie,
***Grand bien vous fasse !*, « Comment Albert Camus**
peut-il changer notre vie ? »

« **Lors des grandes marées,** j'ai passé deux heures à regarder la mer descendre. Elle en met du temps à descendre, la mer ! En apparence, je ne faisais rien, et pourtant j'ai vécu plein d'émotions. »

Françoise, auditrice, *Grand bien vous fasse !*,
« Une vie intense rend-elle heureux ? »

★

« Il y a une piste que nous donne Bergson dans sa distinction entre plaisir et joie, qui est que la joie naît de ce qu'il est possible de faire naître dans le monde [...]. Il prend l'exemple de la femme qui accouche, dans la douleur en un sens, mais qui à ce moment-là augmente la vie elle-même par une nouvelle vie. Et même au cœur d'une vie de souffrance il y a des moments possibles de création, et c'est peut-être dans cette assomption-là du plus de vie que la transmutation du fait de vivre à la joie de vivre est possible. »

Thibaut de Saint-Maurice,
professeur de philosophie, *Grand bien vous fasse !*,
« À quoi tient le goût de la vie ? »

★

« **J'ai changé de vie** il y a quatre ans, j'ai quitté Paris pour vivre à la campagne. Vivre dans une maison plutôt que dans un appartement : j'ai arrêté de travailler également. Il a fallu du courage, c'est comme une nouvelle naissance, mais cette fois-ci c'est moi qui ai décidé ma vie, et ça change tout. »

Martine, auditrice, *Grand bien vous fasse !*,
« Comment oser le changement de vie ? »

★

« Toutes les situations où on vit cet état physiologique et psychologique très particulier d'émerveillement – ça peut être devant des scènes grandioses de la nature ou devant une coccinelle qui monte sur un brin d'herbe –,

[...] ça apaise le cortex cingulaire, ça parle à la partie de notre cerveau qui cherche du sens. »

Sébastien Bohler,
rédacteur en chef de *Cerveau & Psycho*,
***Grand bien vous fasse !*, « Quel sens donner à sa vie par temps de crise ? »**

★

« Il y avait des conversations où on me disait : "Qu'est-ce qu'il te faudrait pour être heureuse ?" On parlait du bonheur, vous savez, quand on était étudiants, et puis après quand on a commencé à connaître l'amour... Et moi je disais : "Je veux l'intensité." Ça ne me faisait rien si la vie m'envoyait des chagrins. Car je préférais avoir une vie plus intense, plutôt que celle de *La Petite Maison dans la prairie*. Je crois que je l'ai vraiment vécu. J'ai toujours pensé la même chose, qu'on n'avait qu'une vie. Qu'il ne fallait pas aimer à moitié, qu'il ne fallait pas pleurer à moitié, qu'il ne fallait pas mourir à moitié. »

Fanny Ardant, extrait d'une interview diffusée dans *Grand bien vous fasse !*, « Une vie intense rend-elle heureux ? »

★

« Un peu comme si on passait d'une perception perdue, un peu nostalgique et triste, d'un champ de fleurs qui était la vie avant et qui est taché de boue, à peut-être la perception d'un champ de boue mais dans lequel des fleurs magnifiques peuvent pousser et qu'il faut savoir savourer. »

Cyril Cosar, psychologue clinicien, *Grand bien vous fasse !*, « Comment se relever d'un traumatisme psychologique ? »

★

« La vie parfois est souffrance. Il y a malheureusement des gens pour qui l'expérience de la vie est une expérience de souffrance chronique : des douleurs qui ne partent pas, la nuit, le jour, en permanence, et c'est pour ça que la transmutation n'est pas directe, me semble-t-il. La pure joie d'exister… Il y a une médiation, qui est celle de l'approfondissement ou de l'élucidation, c'est-à-dire d'un travail sur soi, d'une prise de conscience. Qui n'est pas juste "Tiens, me voilà vivant et me voilà au monde", mais qui est toute une assomption de cette vie, même souffrante, au cœur de l'existence. Ce n'est pas quelque chose qui va se jouer en quelques heures, en quelques jours, en quelques mois, c'est parfois le travail même d'une vie. »

Thibaut de Saint-Maurice, professeur de philosophie,
***Grand bien vous fasse !*, « À quoi tient le goût de la vie ? »**

★

« **C'est un peu la même chose** que pour "Ce qui ne nous tue pas nous rend plus forts", la fameuse citation de Nietzsche. Je me souviens que mes patients la détestaient, car pour eux les adversités qui ne les tuaient pas les rendaient, non pas plus forts, mais plus faibles : traumatisés, cabossés, inquiets, fragilisés, ou complexés de ne pas être arrivés à devenir plus forts [...]. C'est dommage quand même que nous ayons souvent besoin de gros ennuis pour apprendre à aimer la vie. Savoir que tout est fragile, que tous nos petits bonheurs peuvent nous être retirés à tout moment et décider de les savourer maintenant, au présent, cela devrait nous suffire pour être heureux, si nous étions sages, mais nous ne sommes pas sages, et c'est l'adversité qui vient faire ce boulot [...]. Alors, plutôt que de compter sur la seule croissance post-traumatique pour redécouvrir le sens de la vie, nous pourrions essayer une autre voie, celle de la croissance "pré-traumatique" et remplacer l'agaçant "Ce qui ne nous tue pas nous rend plus forts" par une autre formule, plus modeste : "Deviens plus fort de tes chances au lieu de ne devenir plus fort que de tes malheurs". »

Christophe André, psychiatre, *Grand bien vous fasse !*,
« Comment se relever d'un traumatisme psychologique ? »

« Il y a quelque chose qui n'appartient qu'à moi, c'est le sentiment que j'ai de ma propre vie. »

Sébastien Bohler,
rédacteur en chef de Cerveau & Psycho,
***Grand bien vous fasse !*, « Une vie intense rend-elle heureux ? »**

★

« Si on veut vraiment vivre sa vie, il faut que l'on ait un peu, et moi je dirais chaque jour, le sentiment que le temps passe. [...] C'est très rare de pouvoir s'accorder ces moments-là. »

Hélène L'Heuillet, philosophe et psychanalyste,
***Grand bien vous fasse !*, « Et si on mettait un peu de retard dans nos vies pressées ? »**

LA SPIRITUALITÉ EST-ELLE NÉCESSAIRE POUR DONNER DU SENS À SA VIE ?

Par Frédéric Lenoir

« Il n'y a pas de société humaine sans trace de spiritualité. »

Pour le philosophe et écrivain, pas d'existence sans quête de sens. Ce besoin humain, il y a répondu tout au long de sa vie à travers la réflexion, la méditation, mais aussi par le contact avec la nature et l'action humanitaire. Il nous dit pourquoi, aujourd'hui plus que jamais, nous avons besoin de donner à notre vie une dimension plus grande que nous.

Pensez-vous que le besoin de sens soit universel ?

Certainement. J'ai pu le constater en voyageant et c'est aussi ce que l'Histoire nous montre. Il n'y a pas de société humaine sans trace de spiritualité. Et c'est sans doute une caractéristique de l'être humain : nous cherchons à donner du sens à notre existence et nous nous interrogeons pour savoir s'il y a quelque chose après la mort... Ces questions sont présentes dans toutes les cultures. On pourrait dire que le questionnement existentiel est universel, qu'il est propre à l'être humain et qu'il s'incarne de manière différente selon les cultures, ce qui a donné naissance aux différents courants spirituels et religieux du monde. C'est une donnée anthropologique fondamentale. Cette interrogation tourne autour de l'énigme de l'existence et du mystère du monde. Pourquoi suis-je sur terre ? Ma vie a-t-elle un sens ? Le monde a-t-il un sens ? A-t-il été créé par une intelligence ou par le hasard ? Cette interrogation, c'est ce que j'appelle la quête du sacré.

Quelle différence faites-vous entre la spiritualité et la quête de sens ? Après tout, un militant politique lui aussi cherche un sens. Pas un sens religieux, mais un sens à l'existence...

Vous avez tout à fait raison. La quête de sens fait partie des besoins humains fondamentaux. Mais ce besoin peut s'exprimer aussi de manière non religieuse, comme on le voit par exemple à travers les grandes idéologies politiques. Toutes les grandes idéologies, même les plus criminelles, cherchent à donner du sens. Dans la quête spirituelle, toutefois, le désir de sens est polarisé par deux choses : la recherche de la vérité et celle de s'améliorer en tant qu'être humain. C'est la recherche du Vrai et du Bien, telle que Platon l'a définie. On retrouve la même quête dans les sagesses orientales et dans les courants spirituels des monothéismes. Si on élargit la perspective, on peut dire que tout être humain cherche, plus ou moins consciemment, un sens à son existence. Certains ont besoin que cette quête s'enracine dans des valeurs profondes comme la vérité, la liberté, l'amour... C'est ce que l'on appelle la spiritualité, ou la sagesse, qu'elle soit religieuse ou laïque.

Est-ce un désir de transcendance ?

Pas nécessairement, car il existe des courants spirituels immanents, comme le bouddhisme, l'épicurisme ou le spinozisme. À l'inverse, certaines idéologies politiques, comme le communisme, prônent une forme de transcendance, l'idée de la construction d'un monde meilleur, d'un idéal, qui transcende tout et pour lequel il est possible de donner sa vie (ou d'éliminer ceux qui s'y opposent !). Ce mot peut donc s'appliquer tant aux idéologies politiques qu'aux religions. Dans les monothéismes, la transcendance, c'est Dieu. C'est ce qui transcende les individus et érige un absolu. Dans *La Critique de la raison politique*, Régis Debray explique qu'il ne peut pas y avoir de lien social sans une certaine forme de transcendance, c'est-à-dire sans quelque chose d'invisible qui dépasse les individus et les rassemble.

Et aujourd'hui, traversons-nous une crise du sens ?

Certainement. Mais c'est récurrent. Il y a eu une crise dans l'Antiquité, au Vᵉ siècle avant notre ère, à la Renaissance... On pourrait presque dire que cela survient tous les cinq siècles, provoquant un remodelage des civilisations. Aujourd'hui, notre société occidentale, qui a transformé notre mode de vie, est en crise. Nous bénéficions d'un confort formidable, mais notre modèle est à bout de souffle, parce que nous réalisons que nous épuisons les ressources de la planète, que nous détruisons les écosystèmes, que les inégalités entre les pauvres et les riches repartent de plus belle, que les logiques de compétition et de rentabilité rendent les individus malheureux. Nous cherchons un autre modèle de société qui nous permette de nous développer sans écraser ni les individus ni la nature. Sortons de ce modèle du capitalisme triomphant avec toutes ses conséquences, parfois positives, mais aussi très négatives. Essayons de trouver autre chose que le « toujours plus » des Trente Glorieuses. Allons vers le mieux-être... C'est là-dessus que se fait une réorientation. Nous cherchons un nouveau sens à l'échelle à la fois collective et individuelle. Chacun cherche à se donner un dispositif qui lui permette d'essayer de vivre mieux, tout en s'articulant à un sens collectif.

Le développement de l'individualisme, de l'égotisme, ne vient-il pas contrecarrer, épuiser la recherche de sens ?

En effet, l'individualisme narcissique et utilitariste rend impossible toute quête collective de sens et la recherche d'un Bien commun, et c'est l'une des grandes fragilités de nos démocraties. Néanmoins, même si les idéaux religieux et politiques se sont effondrés, on assiste à une évolution des consciences vers plus de justice, de partage, de respect des autres et de la planète. Je le vois dans les ateliers de philo que je mène avec des enfants : dans les écoles primaires, ils disent tous que le plus important pour eux, c'est la planète. Et le deuxième point, c'est la justice sociale. Je pense que les enfants d'aujourd'hui seront bien plus engagés que nous et bien plus radicaux quant à l'écologie. Je le vois avec le végétarisme : je connais beaucoup d'enfants qui ne veulent plus manger de viande pour des raisons éthiques et écologiques, alors que leurs parents sont moins attentifs à cela !

L'intégrisme religieux serait-il l'autre face de la médaille de cette recherche de sens ?

Je ne dirais pas que c'est l'autre face. Je pense que ces phénomènes sont plutôt le revers de l'ultralibéralisme matérialiste. C'est une réaction à la mondialisation selon le modèle occidental. La standardisation des modes de vie a provoqué des replis sur des cultures différentes et le pôle d'identité le plus puissant, c'est la religion. Les deux (matérialisme consumériste et intégrisme religieux) ont cependant un point commun : c'est l'extérieur qui compte. Dans le modèle consumériste, ce sont les signes extérieurs de richesse – les grosses voitures, les maisons, les montres, la high-tech, etc. –, et dans l'intégrisme c'est le voile, la kippa ou tout autre signe extérieur d'appartenance religieuse... C'est mettre en avant des objets qui nous distinguent des autres. Dans les deux cas, ce qui est le plus souvent sacrifié, c'est l'intériorité, c'est-à-dire la spiritualité.

Existerait-il alors des pathologies du manque de spiritualité ?

Bien sûr. L'intégrisme en est une, tout comme l'ultraconsumérisme. Dans le premier cas, on recherche le sens en glorifiant sa communauté au détriment des autres, et dans le deuxième cas on met le sens uniquement dans la matière et dans les objets. L'être humain ne peut pas s'épanouir en n'étant que dans la matière ou dans une forme de communautarisme excluant.

Le complotisme serait-il aussi une pathologie de cette absence de sens ?

Le complotisme est davantage une pathologie du besoin de sens que d'un manque de sens. Les complotistes se méfient de toutes les institutions (politiques, religieuses, scientifiques, médiatiques), mais ils ont aussi absolument besoin de donner du sens, de trouver une explication et une signification à tout. Mais je dirais que c'est la recherche d'une réponse simpliste dans un monde complexe. On entre dans une explication apparemment logique, mais qui abolit toute complexité. Dès qu'un événement angoissant, choquant émotionnellement, surgit, il faut trouver une réponse simple et qui justement redonne du sens là où il n'y en a plus...

Les pathologies individuelles, comme la dépression, seraient-elles aussi un symptôme d'un monde perçu comme absurde ?

Carl Gustav Jung, que j'aime beaucoup, l'avait parfaitement pointé. Il a dit : « L'homme moderne s'est amputé de son âme. » Ce qui entraîne une répression de son besoin de spiritualité et provoque des symptômes comme l'angoisse ou la dépression.

Comment alors retrouver du sens ?

Je pense qu'il est essentiel de renouer un lien profond avec la nature. Les lois de la nature sont pleines de sens et je dirais même de bon sens. La nature est maîtresse de vie. C'est une manière d'échapper à la folie des hommes, de se réancrer dans la sagesse du cosmos, dans un temps rythmé et plus lent. Dans tous mes voyages, j'ai pu constater que ceux qui sont en relation avec la nature vont très bien ! Ceux qui vont mal, ce sont surtout les citadins. Et puis l'intériorité. Se connecter avec ce que Jung, à la suite des spiritualités orientales, appelle le « Soi », notre être profond au-delà du mental et de l'ego. Il y a là, en nous, quelque chose de stable, de lumineux, de joyeux. C'est tout ce travail que l'on peut faire par la méditation, ou par la prière si on est croyant. Beaucoup de gens s'y intéressent d'ailleurs, à travers le yoga, la méditation, les retraites, la marche. Ce sont des voies pour retrouver du sens.

Au cours de vos voyages, qu'est-ce qui vous a frappé ?

Au-delà de toutes les personnes belles et étonnantes que j'ai croisées, j'ai été marqué par la beauté du monde. La beauté, aussi, donne du sens. Le fait de créer, l'art, donne du sens. Nous avons besoin de créer, quelle que soit cette création. Nietzsche disait aussi : « Fais de ta vie une œuvre d'art. » C'est-à-dire grandir en humanité, ce qui rejoint la quête de toutes les sagesses du monde. Être plus attentif, plus compatissant, plus vrai, plus généreux. Cette quête-là est pleine de sens.

Quand vous vous retournez sur votre vie, avez-vous le sentiment d'avoir progressé vers plus de sens ?

J'ai toujours été dans cette quête. Je suis passé par des chemins très divers, y compris la religion, mais j'en suis sorti. J'ai cherché à travers la philosophie, à travers la psychanalyse, à travers la méditation, le yoga… et cela m'a donné une joie et une sérénité profondes. Et il y a aussi ce que je fais d'utile. Je sais que mes livres aident des gens à vivre mieux, mais j'ai aussi d'autres engagements, comme celui pour l'écologie ou le bien-être animal, ou encore le développement, dans de nombreux pays francophones, d'ateliers de méditation-philo avec les enfants : mon association, SEVE, a déjà formé plus de cinq mille animateurs et plus de cent mille enfants en ont profité dans les écoles. J'ai donc donné aussi du sens à ma vie à travers ces engagements et cela me rend heureux.

RETROUVEZ *GRAND BIEN VOUS FASSE !* EN PODCAST

- **Pourquoi croit-on ?**
- **Comment parler de religion et de spiritualité aux enfants et aux ados ?**
- **Pourquoi la marche est-elle un exercice spirituel ?**

À LIRE

LES CHEMINS DU SACRÉ

de Frédéric Lenoir,
Éditions de l'Observatoire (2020)

« Depuis plus de trente ans, je m'intéresse aux diverses quêtes spirituelles et sagesses du monde. L'être humain possède cette singularité de vouloir donner un sens à son existence et tenter d'entrer en relation avec des forces ou des esprits invisibles. Cette aspiration, aussi ancienne qu'*Homo sapiens*, j'aime la qualifier de *quête* ou d'*expérience* du sacré. De cette quête sont nées, au fil des millénaires, toutes les traditions spirituelles et religieuses de l'humanité. »

« La réalisation d'une série de films documentaires pour Arte m'a permis de voyager à travers les cinq continents sur les traces du sacré. De l'Australie à l'Éthiopie, du Pérou au Japon en passant par la France, le Monténégro, la Turquie, le Guatemala, les États-Unis, le Canada, l'Inde ou le Népal, j'ai traversé des paysages sublimes et rencontré des femmes, des hommes et des enfants dont la ferveur spirituelle et l'humanité m'ont bouleversé. Je les ai photographiés et j'ai mis par écrit le récit de ces voyages afin de partager, d'une autre manière, ces moments uniques. Ainsi est né ce livre. »

Si le travail est souvent synonyme de contrainte, il est aussi – ou devrait être – synonyme d'épanouissement, en particulier

RETROUVER DU SENS AU TRAVAIL

lorsque notre tâche a du sens. Face aux évolutions du monde, nous sommes nombreux aujourd'hui à chercher une nouvelle signification à notre activité professionnelle.

COMMENT EXPLIQUER LE MALAISE ACTUEL DU MONDE DU TRAVAIL ?

Le nombre d'arrêts de travail pour burn-out ne cesse d'augmenter. À la suite de la crise de la Covid, le nombre des salariés désirant changer de vie, d'activité, a nettement progressé. Freud parlait de malaise dans la civilisation, nous sommes visiblement face à un malaise dans le travail, qui prend pour beaucoup une tonalité de crise existentielle. *Le Droit à la paresse* de Paul Lafargue (1883) n'est pas vraiment d'actualité. Il s'agit plutôt de réinventer sa vie professionnelle. De nombreux articles et émissions ont été consacrés au travail depuis la crise de la Covid. Avec raison. Mais les difficultés que rencontrent les travailleurs – salariés ou non – ne sont pas nouvelles, elles se sont juste intensifiées.

Nous sommes visiblement face à un malaise dans le travail, qui prend pour beaucoup une tonalité de crise existentielle.

Dès 2017, le Bulletin de l'Académie nationale de médecine publiait un article signé Alain Chamoux et Audrey Vilmant qui lançait un véritable cri d'alerte : « Peut-il être dressé un état du syndrome d'épuisement professionnel ou burn-out en milieu de travail ? De façon générale, il est constaté en France la multiplication par sept entre 2012 et 2016 du nombre de maladies professionnelles psychiques reconnues [...]. Malgré les difficultés liées à l'absence de cadre nosologique, le réseau national de vigilance et de prévention des maladies professionnelles parvient à identifier sous le classement "surmenage" les cas apparentés à cette description. Dans notre expérience ils représenteraient 23 % des consultants pour un motif psychologique. Ils sont retrouvés dans les secteurs professionnels de la santé, de la finance, de l'administration. Ils répondent à certaines expositions telles que les changements d'organisation, la surcharge de travail ressentie, les modalités particulières de management, l'inadéquation des moyens et des objectifs, les activités demandant une attention soutenue. Le mécanisme est celui du stress chronique avec dépassement du seuil de fatigue pour une raison légitime aux yeux de la victime, déjà décrit par Claude Veil en 1959. La procédure particulière de reconnaissance en maladie professionnelle est justifiée mais gagnerait à être précisée sur le caractère essentiel du lien avec l'activité professionnelle. Il faut donc veiller au risque lié à la suractivité professionnelle et mettre en place en entreprise une politique globale de prévention portant sur les conditions de travail et sur le dépistage du stress professionnel avant décompensation. Plus largement, les entreprises doivent promouvoir des organisations conciliant performance et management bienveillant. »

Pourtant, malgré cette solennelle mise en garde et la mise en place d'une batterie de lois, non seulement la situation ne s'est pas améliorée, mais il semblerait qu'elle se soit aggravée en 2020, la crise de la Covid ayant accentué ce mal-être. 5 % des salariés, soit environ un million de personnes, étaient en état de « burn-out sévère » fin 2020, selon le cabinet « Empreinte humaine », spécialisé dans la prévention des

risques psychosociaux. D'après le magazine *Capital*, avec la crise et le télétravail ces risques se sont multipliés, en particulier pour les femmes.
Les professionnels de la santé mentale, spécialisés dans la prise en charge de la souffrance au travail (voir l'entretien avec Christophe Dejours p. 109) le constatent quotidiennement dans leurs consultations. « Même si, intellectuellement, les travailleurs savent que les objectifs sont inatteignables, en bons consciencieux ils essaient de les atteindre, et se sentent perpétuellement en faute. Et comme les chiffres ne sont pas atteints, leur hiérarchie est sans cesse sur leur dos pour augmenter leur productivité et leur rythme de travail. Ce qui crée un environnement infernal », analysait Marie Pezé, psychanalyste, docteure en psychologie, experte auprès de la Cour d'appel de Versailles, dans un entretien donné au site « Souffrance et travail » le 10 octobre 2019.
Claire, une ancienne « brûlée » du travail, en témoigne : « Mon "manager" – je déteste cette expression – me donnait des objectifs impossibles à atteindre. Je devais démarcher et conclure un nombre effrayant de contrats. J'arrivais au travail avec la nausée. Je savais que je n'y arriverais pas mais je tentais tous les jours d'y parvenir. Je me suis sentie nulle et peu à peu je n'avais plus le goût à rien. Un jour, je me suis effondrée en larmes. Le médecin m'a arrêtée. Au bout de quelques mois, j'ai réussi à négocier mon départ, mais ça a été très dur. »
Le docteur Christophe Nguyen, qui travaille au sein du cabinet « Empreinte humaine », observe : « Il y a une augmentation nette du nombre des consultations ayant pour thème la souffrance mais aussi la recherche d'un sens. C'est d'abord de la détresse, une atteinte de l'estime de soi, une perte de repères – on ne sait plus pourquoi on fait les choses –, et puis des burn-out avec l'apparition de cette question : "Pourquoi faire tout cela ?" En corollaire, nous constatons

beaucoup d'interrogations, d'envies de mobilité. » La situation s'est encore alourdie, constate le médecin, avec les divers confinements qui ont rebattu les cartes, exacerbant ou mettant au jour des souffrances jusqu'alors demeurées cachées. « La perspective de l'arrêt du télétravail a été vécue douloureusement par certains : parcourir de longs trajets, supporter une hiérarchie n'avait plus de sens. » À l'inverse, bien des salariés ont mal vécu le télétravail, celui-ci entraînant un surcroît de contrôle, une surcharge, des horaires élastiques, et la nécessité de parvenir à se coordonner avec la présence des enfants. Et toujours cette interrogation : « Ai-je envie de passer ma vie comme cela ? » « Il y a eu des remaniements psychologiques, analyse le psychiatre. Confrontés à cette situation extrême, beaucoup de salariés ont revu leurs priorités et la place du travail dans leur vie, cherchant à trouver un nouveau sens à leur activité, plus en accord avec leurs aspirations profondes : donner plus de place à leur famille, leurs besoins, etc. »

La crise de la Covid est advenue alors que la situation était déjà dégradée, avec des cas nombreux de souffrance éthique (repérés dans les professions de soins, de contact avec le public et bien d'autres) mais pas seulement : injonctions paradoxales, harcèlement, disparition de l'utilité perceptible du travail... Aujourd'hui, la moitié des salariés envisage de changer d'activité et de mode de vie[1], pour retrouver de l'oxygène et du sens. Hélène Picot, coach en changement d'activité, en témoigne : « Tout s'est accéléré avec la Covid, qui a non seulement activé la peur de la mort mais aussi permis de prendre du recul et de réfléchir. Ce temps-là, durant le confinement, a déclenché l'envie de passer à autre chose, de sortir de situations qui semblaient absurdes. Une vraie prise de conscience. Beaucoup de

1. Octobre 2020, Baromètre T4.

personnes ont découvert que jusqu'alors elles n'avaient pas vraiment eu le choix mais avaient répondu à des injonctions sociales, familiales. Il y a une aspiration à la liberté, et quel que soit l'âge : j'ai reçu des personnes de soixante-cinq ans. La plus âgée avait soixante-sept ans. Elle veut se lancer dans une nouvelle activité. »

QUAND DE JEUNES DIPLÔMÉS VEULENT RETROUVER DU SENS

Arthur Gosset, réalisateur du documentaire *Ruptures*, est étudiant à Centrale Nantes. Il se pose des questions sur son avenir et surtout sur la cohérence du poste qu'il occupera avec ses convictions et les nécessités du monde contemporain. Arthur mène l'enquête et s'aperçoit vite qu'il n'est pas le seul dans son cas : ils sont nombreux (pas majoritaires, mais nombreux) à ne pas vouloir travailler pour des entreprises qui leur semblent néfastes pour l'avenir de la planète et des hommes. Il a rencontré Aurélie, Maxime, Hélène, Emma et Romain, qui vivent les mêmes interrogations que lui. Tous ont passé des concours aussi sélectifs et ardus que l'entrée à Polytechnique, à Sciences Po ou de grandes écoles de commerce, et pourtant ils ont refusé d'emprunter la voie royale qui leur était ouverte.

Aurélie, brillante polytechnicienne, explique combien elle se sentait mal à l'idée d'intégrer une grande entreprise ou une multinationale dont les choix stratégiques allaient à l'encontre de ses convictions profondes. À peine sortie de la prestigieuse école, elle est engagée dans une grande entreprise mais démissionne au bout d'un an. Inconcevable pour beaucoup ! Mais la jeune femme s'engage dans une voie qu'elle a choisie : avec son père, elle crée une société et un village de *tiny houses*, ces minimaisons sur roues qui offrent la possibilité à leurs habitants de vivre de manière beaucoup plus écologique et frugale. « Inventez votre vie »,

conseille-t-elle aux étudiants de Polytechnique lors d'une rencontre.
« J'ai l'impression qu'on est dans une révolution dans les grandes écoles », affirme Maxime, ancien étudiant de Sciences Po, qui réclame de donner du sens à son travail et à sa vie.
Pour Arthur et ces jeunes diplômés, de tels choix semblent s'imposer mais il est difficile de se faire comprendre des générations précédentes et particulièrement de leurs parents, qui ont mis tant d'espoirs dans leurs enfants pour lesquels ils rêvaient du meilleur, c'est-à-dire la réussite sociale et la sécurité financière.
Deux mondes qui ne se comprennent pas : la rupture est quasi inévitable. Et pourtant, il y a urgence, pense la jeune génération. Une urgence telle, alors que le GIEC publie des rapports de plus en plus inquiétants, que la course au profit et à la réussite leur semble de plus en insensée. Et le phénomène fait tache d'huile : en 2018, 18 000 étudiants de grandes écoles – Polytechnique, AgroTech, HEC, ENS – se rassemblent au sein du collectif « Réveil écologique » et signent un manifeste appelant chacun à s'interroger sur le sens de son travail, et incitant les entreprises à envisager de changer leurs objectifs et leur manière de travailler. « À quoi cela rime-t-il de se déplacer à vélo quand on travaille pour une entreprise dont l'activité contribue à l'accélération du changement climatique ou l'épuisement des ressources ? » interrogent-ils, préférant se « tourner vers les employeurs [qu'ils estimeront] en accord avec [leurs] revendications[1]. »
En quelques semaines, 30 000 étudiants rejoignent le mouvement.
En janvier 2020, une étude publiée par *Les Échos*, menée auprès de 6 200 étudiants, révèle que 8 sur 10 d'entre eux veulent à la fois du sens dans leur travail et une bonne

1. Novethic, 23 octobre 2018.

rémunération. « Les étudiants veulent alors à tout prix donner du sens à leur travail. Par ordre de préférence, c'est l'intérêt du poste, l'ambiance et le bien-être au travail et l'adéquation des valeurs de l'entreprise qui sont les critères de choix les plus importants[1]. » Et tous, s'ils rejoignent un grand groupe, désirent travailler à faire changer les orientations des entreprises par leur action. Ça bouge, ça bouge... et ce n'est qu'un début. La jeune génération de surdiplômés ne veut plus d'une vie orientée uniquement vers le profit et la consommation. Ils veulent savoir pourquoi et pour qui ils travaillent et s'engager pour la communauté. Chez certains, les choix sont radicaux, chez d'autres c'est plus lent mais, conclut Arthur dans son film, « les choses changent et plus personne ne peut le nier ». L'espoir est là.

Ruptures,
un documentaire d'Arthur Gosset,
disponible sur Spicee.

1. *Les Échos*, 21 janvier 2020.

COMMENT SE MANIFESTE LE CHANGEMENT DES ATTENTES DE CHACUN ?

Si la souffrance augmente, Christophe Nguyen souligne à l'inverse l'émergence d'une exigence nouvelle, en particulier chez les jeunes diplômés. Ces derniers ont vu la génération précédente s'épuiser, être prise dans des situations intenables, sommée d'obtenir des résultats irréalistes. Ils ne veulent pas être pris à leur tour dans le piège et privilégient le sens et la qualité de leur vie. Cette tendance s'exprime de plusieurs façons : pour les plus radicaux, le refus pur et simple d'entrer dans le monde du travail (même si cette tendance demeure marginale), et pour les autres des exigences face à l'employeur possible, qui ne sont pas d'ordre salarial mais d'ordre éthique, humain.

Dès 2010, la sociologue Dominique Méda notait l'émergence de ces travailleurs d'un nouveau type : « La famille, les relations sociales et amoureuses, les loisirs, l'engagement militant et les amis sont aussi prioritaires que le travail. Les jeunes recherchent une cohérence entre les divers aspects de leur vie, ce qui les amène parfois à préférer l'insécurité. Cette contestation de la place hégémonique du travail peut s'expliquer par différents éléments, dont un niveau d'instruction plus élevé, le refus de reproduire un modèle parental centré sur le travail et les désillusions liées aux phénomènes de déclassement[1]. » Les entreprises commencent elles aussi à percevoir le mouvement : malgré des propositions alléchantes, les jeunes ne se précipitent pas.

QUELLES SONT LES SOLUTIONS ?

« L'objectif, précise Christophe Nguyen, c'est avant toute chose d'aider les salariés qui viennent consulter à préserver leur santé. La première chose à faire, c'est d'en parler. Avec son manager, le service des Ressources humaines, ses collègues... 25 % des salariés en souffrance n'osent pas en parler dans leur entreprise parce qu'ils ont peur des réactions, d'être stigmatisés. Nous les aidons à verbaliser, à objectiver les situations et à les analyser. » Le psychiatre conclut qu'il est temps que les pouvoirs publics prennent la pleine mesure du phénomène : « Un travail de fond doit être fait. »

1. Patricia Vendramin et Dominique Méda, « Les générations entretiennent-elles un rapport différent au travail ? », *Sociologies*, 2010.

À la rencontre de...

DAVID GRAEBER

Le 12 septembre 2018, *Grand bien vous fasse !* recevait David Graeber, auteur d'un article au retentissement mondial, « Le phénomène des jobs à la con » (publié dans le magazine *Strike !* en 2013), auquel a fait suite l'ouvrage *Bullshit Jobs* (Les liens qui libèrent, 2018). Cet anthropologue, intellectuel influent, professeur à la London School of Economics, est décédé le 2 septembre 2020, laissant un questionnement riche sur le sens du travail aujourd'hui.

Les *bullshit jobs*, ce sont des emplois absurdes et vains, si superflus que les salariés « croient secrètement que leur travail ne devrait pas exister : si l'emploi devait disparaître, le monde ne serait pas différent du tout ». En tant que professeur, David Graeber a rencontré de nombreuses personnes qui, pour décrire leur travail, lui disaient en faisant mine de s'excuser : « Vous savez, je ne fais pas grand-chose... » Il ne s'agissait pas de modestie mal placée : ces personnes ne faisaient rien de leurs journées, au sens littéral du terme. David Graeber y voit un phénomène de société, aussitôt confirmé par le courrier des lecteurs reçu à la sortie de l'article : « Les gens me disaient "Oui, c'est vrai : je suis avocat d'affaires mais je n'apporte rien au monde, je suis malheureux tout le temps." »
Les « boulots à la con » sont à l'opposé des « jobs de merde », tels que celui des éboueurs ou des agents d'entretien : « Si jamais les agents de nettoyage de mon

université ne faisaient pas leur travail, l'université s'effondrerait. Ils travaillent dans des conditions très dangereuses, on ne leur accorde aucun respect : alors que ceux qui sont assistants du vice-président ne font presque rien, gagnent vingt fois plus et sont traités comme s'ils étaient très importants. » David Graeber a ainsi déterminé cinq catégories : les « larbins », qui sont là pour que quelqu'un ait l'air important ; les « porte-flingues », qui n'existent que pour se défendre face à la partie adverse, comme les employés du télémarketing ou les avocats d'affaires ; les « rafistoleurs », qui règlent des problèmes qui ne sont pas censés exister, comme dans cette anecdote racontée par David Graeber : « Dans une des universités où j'ai travaillé, mes étagères s'étaient écroulées. Il a fallu une quinzaine de jours pour que le menuisier vienne [...]. Et il y a un type dont le boulot était de s'excuser pour le menuisier qui était trop occupé pour faire les réparations. Mais si on le virait et qu'on recrutait un autre menuisier, on n'aurait pas besoin de ce boulot. » On trouve ensuite les « cocheurs de cases », qui permettent d'affirmer qu'une administration est active même si elle ne fait pas grand-chose ; et enfin les « petits chefs », des managers qui dirigent une équipe qui n'a pas besoin de direction.
Ces emplois pullulent dans les entreprises privées comme publiques, et sont le fait du monde du commerce comme des milieux créatifs. Ils sont liés à l'introduction du *new management*, des emplois au service d'indicateurs, de prescriptions, et de moins en moins en prise avec le travail réel : censés pousser à une meilleure production, ils complexifient inutilement l'organisation. Ils ont des noms obscurs, comme « manager qualité » ou « consultant interne », et sont souvent accompagnés d'une « novlangue managériale » pleine d'anglicismes et d'oxymores. C'est une langue qui n'a plus de sens et contribue au mal-être des travailleurs : ce phénomène n'est pas qu'un problème d'industrie, il est avant tout dangereux pour ceux qui sont nommés à ces postes.

Être payé à ne rien faire, ou presque, conduit à l'anxiété ou à la dépression, à un sentiment de vacuité existentielle. « Je crois que c'est très important, explique David Graeber, parce que cela nous démontre qu'on a une fausse idée de la nature humaine. Constamment, on nous dit que les gens veulent en obtenir le plus possible pour le moins d'efforts possible : et là on a des gens qui ont vraiment quelque chose pour rien, et ils sont très malheureux. Si on veut vraiment pouvoir ressentir que l'on contribue au monde autour de soi, d'une façon qui profite aux autres, si on retire cela aux gens, ils s'étiolent, on parle de dépressions, d'angoisses [...] qui disparaissent quand on leur donne quelque chose à faire. »
Le véritable problème tient à la hiérarchie qui met ces boulots en haut de l'échelle sociale : revaloriser les emplois utiles serait une solution pour lutter contre les boulots à la con. « Personne n'accepterait un boulot de ce genre s'il avait le choix. [...] Les gens le disent : "J'ai essayé de m'occuper de la petite enfance... mais je ne pouvais pas me permettre d'avoir des enfants et je ne pouvais pas fonder une famille, je ne pouvais pas payer mon loyer avec ça." S'ils le pouvaient, les gens prendraient ces emplois-là. » Pour David Graeber, il faudrait repenser l'idée d'un revenu universel de base, qui permettrait à chacun de choisir ce qu'il veut faire de sa vie.

« LE TRAVAIL EST L'OCCASION DE SE METTRE À L'ÉPREUVE ET D'EN SORTIR GRANDI. »

L'éclairage de Christophe Dejours

Pourquoi pouvons-nous souffrir au travail au point que notre vie en perde son sens ? Christophe Dejours, psychiatre, psychanalyste, fondateur de la psychodynamique du travail et auteur de nombreux livres sur la question (dont le dernier, *Ce qu'il y a de meilleur en nous. Travailler et honorer la vie*, est paru chez Payot), explique le processus qui nous rend heureux lorsque nous travaillons et comment, lorsqu'il ne peut plus se dérouler, il devient source de souffrance.

Pourquoi le travail peut-il donner du sens à notre vie ?
Je crois que la réponse réside dans la notion de plaisir au travail et de son effet sur notre vie. Le travail offre la possibilité de transformer le rapport de soi à soi. Il contient une promesse d'émancipation par rapport à soi-même et par rapport à la domination à laquelle nous sommes obligatoirement confrontés dès lors que nous vivons en société. Il est une occasion de se mettre à l'épreuve de soi et d'en sortir grandi. Ce qui exige, bien sûr, des conditions particulières car toutes les formes de travail ne sont pas émancipatrices, loin de là !

En quoi consiste cette promesse d'émancipation ?
Dès qu'il s'agit d'un métier, qui renvoie à des règles, des savoir-faire, une déontologie, cela suppose de la part du travailleur de se confronter au réel. Même quand je connais les règles du travail, je suis confronté à des situations dont je ne parviens pas à surmonter les difficultés, quelles qu'elles soient. Le réel, c'est ce qui se fait connaître à celui qui travaille par sa résistance à la maîtrise. C'est là que commence l'épreuve pour le psychisme. C'est d'abord désagréable. Par exemple, si vous travaillez dans une centrale nucléaire et qu'il y a un dysfonctionnement qui perdure malgré vos actions, vous êtes en face d'un réel désagréable, angoissant. On pourrait citer aussi le cas du chirurgien face à la dégradation du patient qu'il est en train d'opérer. C'est une souffrance, inévitablement. Mais ce n'est pas la fin du processus, c'est même plutôt le point de départ : cette souffrance me pousse à trouver la solution. Si je réussis à surmonter le réel, je soulage ma souffrance. La souffrance est un moteur de l'intelligence.

Avant d'être un vecteur de plaisir et de sens, le travail est une souffrance ?
Oui. Il ne s'agit pas seulement d'un moment désagréable mais de quelque chose qui s'empare de ma subjectivité tout entière. Une infirmière, par exemple, ne cesse pas de penser à ses malades une fois sortie de l'hôpital. Il suffit d'évoquer la crise de la Covid.

Trouver la solution demande donc de mobiliser ses compétences, ses qualités de compréhension, d'analyse ?
C'est l'endurance face à la souffrance et la capacité à mobiliser l'intelligence, et avant tout l'intelligence du corps. Il faut arriver à établir avec le réel un rapport de familiarité, un corps à corps avec la matière – le bois, par exemple –, avec l'objet technique ou avec les concepts, les connaissances.

Avant cela, il faut en passer par un apprentissage ?
Toujours ! Il n'y a pas de connaissance sans apprentissage, quel qu'il soit. Cela porte un nom : c'est la « corpspropriation », concept introduit par le philosophe Michel Henry. À force de me battre avec le réel, je vais même en rêver...

Vous voulez dire que le rêve entre en jeu ?
Oui. C'est une étape importante et peu connue. Le rêve permet de transformer le rapport avec le réel. Par exemple, vous apprenez à faire un geste au tennis. Vous n'y arrivez pas. Vous n'y parviendrez que si vous acceptez la souffrance qui résulte de cette difficulté. Un jour, dans le rêve, vous mobilisez votre corps d'une manière que vous ne pouviez réaliser dans la vie. Et le lendemain, le geste juste est acquis.

Est-ce vrai aussi pour la résolution d'un problème de mathématiques ou de tout autre travail intellectuel ?
Oui. Il y a des exemples extraordinaires de savants qui en se réveillant ont noté la solution du problème qui les avait préoccupés. Bien entendu, ce n'est pas systématique, mais cela arrive parfois.

C'est un travail souterrain, inconscient.
Absolument. C'est un travail de soi sur soi. En réalité, pour pouvoir surmonter le réel, je dois acquérir une nouvelle habileté. C'est-à-dire me transformer. Nous continuons d'apprendre tout

au long de notre vie. Et c'est cela qui donne du sens à notre relation avec le travail. Aujourd'hui, je travaille comme psychanalyste d'une manière différente de celle que j'employais il y a dix ou vingt ans. Après avoir acquis de nouvelles habiletés, je deviens plus intelligent. C'est l'expérience. À mesure que je découvre la résistance du monde et que j'apprends à la surmonter se révèlent en moi non seulement des capacités d'agir mais aussi de nouvelles sensibilités. À force de travailler le piano, par exemple, j'obtiens une vélocité et une maîtrise qui me donnent accès à quelque chose de nouveau en moi et me permettent d'entendre, par exemple, chez les autres ce que, auparavant, je n'entendais pas. C'est cet accroissement de sensibilité qui m'ouvre au plaisir. Ce qui s'éprouve n'est pas seulement de l'ordre du physique mais aussi de l'ordre de l'accroissement de la vie en soi. C'est du domaine des affects. C'est à partir du moment où je les éprouve affectivement que commence le travail psychique. Le plaisir commence au moment où l'on triomphe de la difficulté. D'acquisition en acquisition de nouvelles habiletés, de surmontement en surmontement, se dessine un processus plus long qui est l'accomplissement de soi. Je deviens moi-même, ma vie a un sens et c'est le travail qui le permet.

La création est-elle du même ordre ?

Traditionnellement, ce processus était pensé, par Freud en particulier, essentiellement pour les artistes, peintres, sculpteurs, plasticiens, romanciers... Au regard de la clinique du travail, je pense qu'il ne concerne pas que les grands génies. C'est vrai dans tout travail, y compris dans la médecine, ou dans le travail intellectuel, ou dans les métiers de la relation. Dans ces derniers cas, les économistes parlent d'« immatériel », mais ce n'est pas immatériel. C'est une matière particulière. Prenez le travail de Baudelaire sur la prosodie : c'est une matière. On peut donner l'exemple du psychiatre : il travaille avec l'angoisse, le silence de ses patients, il apprend à les comprendre, les décoder.

Allons vers l'autre versant du travail : que se passe-t-il lorsqu'une personne ne trouve plus de sens à son travail, éprouve de la souffrance à l'effectuer au lieu d'éprouver du plaisir ?
Actuellement, nous sommes dans une situation complexe qui a commencé il y a longtemps, dans le cadre d'une transformation majeure du travail. Le plaisir au travail, c'est la sublimation. À la différence de Freud, je pense qu'elle ne concerne pas que les artistes, les artisans ou les intellectuels, mais toutes les personnes qui ont un travail de métier. Cette sublimation est génératrice de plaisir mais elle est aussi un élément essentiel dans la structuration de la santé mentale. Si par mon travail j'ai la possibilité d'avoir accès à la sublimation, alors je suis plus solide dans mon fonctionnement psychique que si je suis privé de travail. Imaginons : j'ai quarante ans, la chance de faire un travail dans lequel j'engage ma subjectivité. Tout à coup, je suis licencié. Me voilà privé de ce rapport à la sublimation, au plaisir. Cela devient très douloureux. Non seulement d'être privé de cette possibilité d'agrandissement intérieur mais encore d'être privé de ce que j'apporte à la société. C'est ce qui se passe aujourd'hui, y compris dans des métiers comme la santé ou la magistrature. C'est la conséquence de la nouvelle organisation du travail que l'on appelle « le tournant gestionnaire », « la gouvernance par les nombres ». Seul est pris en compte le « flux »... La quantité est privilégiée au détriment de la qualité. Le plaisir au travail se perd donc : il y a une obligation de bâcler. Les magistrats trahissent les justiciables, trahissent les règles de métier : c'est trahir la justice, et se trahir soi-même. C'est extrêmement grave. Le rapport de soi à soi est non seulement perdu mais, pire, il est détruit.

C'est le sens de sa vie par le travail qui est détruit ?
C'est cela. Ni plus ni moins. Le travail engage la vie tout entière, la possibilité de l'accomplissement de soi. Aujourd'hui, lorsqu'on est amené à tout trahir ainsi, on en vient à participer à des actes

que le sens moral réprouve. Cela s'appelle la souffrance éthique. Et cela peut être dévastateur et conduire jusqu'au suicide.

On a vu cela avec la Covid...

C'est vrai, mais d'une manière plus générale dans la santé. Et dans le journalisme...

Est-ce pour cela que beaucoup de gens tentent de changer d'activité ?

Bien entendu. Et pas toujours avec succès... C'est un drame. Le tournant gestionnaire détruit beaucoup de métiers et de personnes, en particulier par la mise en place de la standardisation. Le travail contient en soi une promesse d'accomplissement qui est mise à mal par les nouvelles normes du travail.

L'épanouissement passe aussi par la reconnaissance des compétences. Dès lors, comment faire si les normes ne permettent plus que soit salué l'apport personnel au travail ?

C'est toute la question. En échange de mon travail, j'attends non seulement une rétribution financière mais aussi de la reconnaissance. C'est une des modalités de la transformation de la souffrance en plaisir.

Que faire, alors, pour tenter de retrouver ce sens et ce plaisir ?

Il y a deux manières : la voie individuelle, par laquelle on peut essayer de s'aménager une zone de liberté où faire le travail de façon convenable, déontologique. Un médecin, par exemple, peut sauver l'espace de sa consultation, alors que dans son propre service hospitalier il ne peut plus faire autrement que de bâcler son travail pour tenir la cadence imposée par la direction. Cela veut dire que l'on peut être amené à réduire la voilure des ambitions en matière de déontologie... Il y a, en effet, une part de renoncement.

La deuxième solution nous amène forcément à des positions politiques : comment adopter une posture critique par rapport à cette évolution du travail ? C'est un énorme problème. L'organisation du travail n'est pas seulement une question d'ingénieur, de gestionnaire. C'est un problème politique. Ni les partis politiques ni les organisations syndicales ne se sont attaqués à cette question. Ils se sont intéressés aux conditions de travail, ce qui n'est pas la même chose. L'allié principal aujourd'hui, c'est la loi. Il y a eu le procès historique de France Télécom : pour la première fois, un dirigeant d'entreprise a été condamné pénalement. C'est un moment important, qui a permis de reconnaître que l'organisation du travail peut contenir un dispositif de harcèlement et d'atteinte à la santé des salariés. Mais l'application de la loi est difficile…

À la rencontre de…

MARIE-FRANCE HIRIGOYEN

Psychiatre et psychanalyste, autrice du premier essai sur le harcèlement en France, *Le Harcèlement moral : la violence perverse au quotidien* (La Découverte ; Pocket, 2018), qui a provoqué une vraie prise de conscience, et de plusieurs autres essais dont, en particulier, *Le Harcèlement moral au travail* (PUF ; réédition Pocket, *Le Harcèlement professionnel*, 2022), Marie-France Hirigoyen est spécialiste de la souffrance au travail. Elle témoigne de ce qu'elle entend et constate au creux des consultations.

« J'entends beaucoup de souffrance. »

Face à la question du sens du travail, la première chose qui vient à l'esprit, c'est ce que l'on appelle les *bullshit jobs* [voir l'article de David Graeber, p. 106], c'est-à-dire les métiers qui, en soi, n'ont pas de sens. Mais, en y réfléchissant, il me vient à l'esprit que beaucoup de professions qui au départ avaient été choisies justement parce qu'elles étaient porteuses de sens, par vocation en quelque sorte, pouvaient en venir à ne plus être porteuses de sens et à rejoindre les *bullshit jobs*. Les raisons en sont sociétales et liées à l'organisation du travail. Nous sommes dans un monde où il faut aller vite, produire plus, fournir plus. Quel que soit le métier, le travail s'est intensifié et complexifié. Les salariés ont de plus en plus le sentiment d'être obligés de bâcler leur travail, ce qui est très douloureux quand on est motivé et qu'on a le goût du travail bien fait.

La santé

Dans les métiers de soins, les infirmières sont contrôlées et normées, les médecins sont écrasés de tâches administratives. Le temps consacré aux soins est de plus en plus réduit. Des enquêtes ont montré que les internes en médecine passent plus de temps devant un ordinateur qu'avec les patients. Il leur faut entrer les données des patients, mais aussi écrire des articles pour que les services obtiennent des budgets. Or nombre de ces articles n'ont aucun intérêt, mais il importe que leur nom et celui du service apparaissent. Cela leur prend un temps fou ! Durant le premier confinement, la pression administrative avait baissé et les soignants avaient retrouvé du plaisir. Mais l'administration a repris le dessus. Un certain nombre de chefs de service qui se sont énormément investis durant la Covid ont dû batailler dur pour ne pas être bloqués dans leurs projets. C'est la lourdeur administrative qui a donné à de nombreux médecins et d'infirmières l'envie de partir dans le privé. Beaucoup de personnes ont le sentiment qu'elles n'ont plus d'espace pour penser, qu'elles n'ont plus les moyens de mettre leur touche personnelle pour bien faire leur travail. Sans compter qu'on leur demande en permanence de s'adapter aux nouvelles technologies...

Dans les entreprises

De plus en plus, tout est cadré par des normes, avec des outils de contrôle, des grilles d'évaluation, des procédures, et, à force de faire entrer les salariés dans des cases, on oublie les personnes et leurs spécificités. Je pense par exemple aux vendeuses qui sont obligées de répondre avec des phrases toutes faites, ce qui vide leur métier de tout sens et de tout intérêt... Pour répondre aux exigences des lois sur le harcèlement moral au travail et faire de la prévention des risques psychosociaux, au lieu de repenser les conditions de travail on tend à mettre un vernis de bonnes pratiques, et des postes de *happiness managers* sont apparus. C'est de la poudre aux yeux...

De la progression

Nous avons tous envie de progresser, de nous améliorer, de faire du beau travail. Quand dans son poste on est considéré comme un pion, que les tâches sont morcelées, même les personnes les plus motivées perdent la signification de leur travail et peuvent avoir envie de changer de métier. C'est ainsi qu'on a vu un certain nombre de personnes très diplômées, ayant fait une grande école de commerce ou d'ingénieurs, renoncer à un travail rémunérateur mais avec des horaires contraignants et une forte pression, pour devenir professeurs des écoles. Elles témoignaient ainsi du plaisir qu'il pouvait y avoir à apporter sa pierre à la transmission des connaissances.

Dans mon cabinet

J'entends beaucoup de souffrances. Passé un certain âge – et, dans le monde du travail, on est sénior à cinquante ans –, on peut vous pousser discrètement vers la sortie en vidant progressivement votre poste de sa raison d'être.
Certains anticipent et se forment à d'autres activités, comme le massage, le shiatsu, ou se préparent à devenir consultants, car ils craignent à tout moment d'être licenciés.
Je reçois parfois des patients qui souffrent terriblement de se retrouver dans un poste où il n'y a rien à faire ! Cela peut faire suite à un harcèlement moral, mais ce sont plus souvent des enjeux de pouvoir pour garder à tout prix un poste. Non seulement ils s'ennuient mais ils ont en plus le sentiment douloureux de ne servir à rien. C'est le « bore-out ».
Malgré les mises en garde, je ne crois pas que les choses changent vraiment. En tout cas, pas dans les grands groupes ! Cependant, il existe des petites et moyennes entreprises qui essaient de fonctionner autrement, de réfléchir aux conditions de travail.

Le changement

Le changement ne viendra pas des grandes entreprises. Mais je vois des jeunes diplômés, porteurs de valeurs, qui sont beaucoup plus exigeants et qui n'ont plus l'intention d'accepter n'importe quoi. Certains ont fait savoir à de grands groupes comme Total qu'ils devraient changer leurs façons de faire et leurs objectifs. Je connais une jeune femme qui a démissionné d'un grand groupe pour rejoindre une structure plus petite. S'il y a un changement, il viendra des jeunes eux-mêmes. Je parle des jeunes diplômés. Pour les autres, malheureusement, c'est plus compliqué. Ils n'ont pas toujours le choix, car il y a incontestablement une montée des inégalités.

RETROUVEZ *GRAND BIEN VOUS FASSE !* EN PODCAST

- **Quelle place pour les émotions au travail ?**
- **Comment passer une bonne journée au travail ?**
- **Comment se défendre face au harcèlement scolaire ?**
- **Comment lutter contre les violences scolaires ?**
- **Le harcèlement scolaire et le cyberharcèlement.**
- **Éthnologie de la vie de bureau.**
- **Quand le travail empiète sur la vie privée.**

Toutes vos questions sur...

LE HARCÈLEMENT MORAL

En 1998, la psychiatre et psychanalyste Marie-France Hirigoyen publie un livre qui a connu un écho considérable, *Le Harcèlement moral, la violence perverse au quotidien*, traduit en vingt-quatre langues. Pour la première fois, le mécanisme destructeur du harcèlement est mis au jour : isolement, manipulation, culpabilisation, dénigrement, violences psychiques ou physiques, tout est mis en place par le harceleur de manière « insidieuse et répétitive », selon les termes de l'autrice, pour rabaisser la victime et la maintenir sous sa coupe. Les conséquences du harcèlement sont terribles, allant de la souffrance psychique au dénigrement de soi, à la dépression et parfois, dans les cas les plus graves, au suicide. Dans ce livre, la psychiatre donne aussi des clés pour permettre aux victimes et à leur entourage d'identifier le processus qui est à l'œuvre et de s'en défendre. Marie-France Hirigoyen a publié quelques années plus tard un livre fondamental sur le harcèlement moral au travail, *Malaise au travail. Harcèlement moral, démêler le vrai du faux* (La Découverte, 2004). Grâce à ces deux essais et au travail de l'autrice, spécialisée dans la gestion du stress en entreprise, un amendement introduisant dans le Code du travail la notion de harcèlement, jusqu'alors ignorée, a été adopté, modifiant profondément l'approche de la souffrance au travail.

ENGAGEMENT, TÉMOIGNAGES

Quel que soit leur âge, ils ont choisi de se mettre au service d'autrui, d'une cause, sans contrepartie. L'engagement fait partie de leur vie et, sans lui, ils se sentiraient « vides de sens », comme le dit Théo. Pas de grandes déclarations, de considérations intellectuelles : la signification de leur existence passe par l'action.

« L'engagement bénévole m'aide à être plus respectueuse, plus bienveillante. »

« Étudiante en psychologie, je voulais mettre du sens dans ce que j'apprenais, découvrir ce qu'étaient la bienveillance, le partage, l'écoute. J'ai tout de suite pensé à la Croix-Rouge, qui est pour moi une des structures les plus importantes. Les valeurs que l'on y défend, j'avais envie d'en être et de contribuer un tout petit peu à aider des personnes en détresse psychologique. Je vais à l'association deux à trois heures par semaine. Cet engagement me permet de grandir, de me construire en me confrontant aux problèmes, à la détresse. On n'a que la voix pour échanger, mais l'écoute m'ouvre à d'autres aspects de la vie. Cela m'aide à mettre les choses en perspective, à développer la bienveillance, à ressentir plus fortement les choses. S'engager apporte beaucoup : en tant que bénévole, je n'attends pas de reconnaissance, je n'espère pas obtenir quoi que ce soit, mais humainement c'est tellement enrichissant ! »

Roxane, 33 ans, psychologue bénévole depuis deux ans pour la ligne d'écoute de la Croix-Rouge.

★

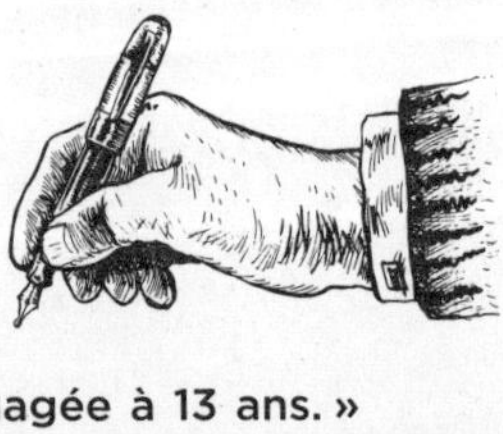

« Je me suis engagée à 13 ans. »

« Cela fait deux ans que je me suis engagée dans le mouvement lancé par Greta Thunberg et ses amis, Youth for Our Planet. J'étais assez jeune, j'avais 13 ans. J'ai toujours été très proche de la nature. Entre ma cinquième et ma quatrième, je suis devenue végétarienne. J'avais un très fort besoin d'engagement pour me sentir exister. Youth for Our Planet touche à plein d'autres sujets que la nature : la lutte antiracisme, pro-LGBT… Les discours de Greta Thunberg m'ont poussée à rejoindre le mouvement. Ils m'ont fait réfléchir. Mes parents ont très bien accepté mon engagement, ils en sont très fiers. L'engagement correspond à mon besoin d'altruisme : pour moi, donner du sens à sa vie, cela passe par les autres. Donner aux autres. Le mouvement m'a permis aussi de m'enrichir au contact des autres : cela agrandit ma vie, cela me met en contact avec d'autres manières de vivre, d'autres points de vue. Dans le combat pour la nature, on a vraiment le sentiment de faire quelque chose d'utile, même d'être les derniers à pouvoir faire bouger les choses. Au mieux, on aura réussi à faire changer le cours de l'Histoire, au pire, on aura tout tenté pour nous sauver. Cette année je vais au congrès, l'année prochaine il y aura de nouvelles actions. C'est beau de voir que nous sommes nombreux à agir : quand l'un est fatigué, un autre prend le relais. »

Romane, 15 ans, militante de Youth for Our Planet.

★

« Aider les gens, c'est ce qui m'épanouit. »

« J'ai toujours voulu être pompier. C'était une passion. Mon père était pompier mais ce n'est pas ça qui m'a déterminée, d'autant qu'il n'était pas favorable aux femmes dans cette activité. Ce qui me poussait, c'était vraiment l'envie de venir en aide aux gens. Quand j'étais enfant, je soignais mes poupées, je leur mettais des pansements, je leur faisais des piqûres… D'ailleurs, je travaille en tant qu'aide-soignante pour les personnes handicapées après avoir été longtemps aux Urgences. Je fais une manœuvre par mois et je peux être appelée plusieurs fois dans la semaine. Je ne pourrais pas imaginer ne pas le faire... C'est tellement important ! Et cela me procure un équilibre. Ma vie est basée là-dessus : venir en aide. Même si ce n'est pas facile, même si parfois on arrive trop tard... Peut-être que ma mission sur terre, c'est cela... Ne pas me replier sur moi. Mon entourage me dit de penser à moi, mais peut-être que penser à moi, c'est cela ! C'est ce qui m'épanouit. Je suis heureuse quand on a contribué à sauver quelqu'un, que le SMUR nous dit : "Bon boulot". Et être une femme, c'est un atout : notre présence rassure beaucoup les victimes. »

Clémence, 38 ans, pompier volontaire depuis douze ans.

★

« On pense donner, en réalité, c'est nous qui recevons. »

« Depuis plusieurs années, je me spécialise dans la défense des réfugiés. En 2016, j'ai décidé de faire mes stages dans le milieu des avocats qui s'occupent des réfugiés et des sans-papiers. Je suis allée en Grèce, à Samos, avec Avocats sans Frontières. À l'époque, c'était là que se trouvait le plus grand camp de réfugiés d'Europe. Cela m'a décidée à continuer : s'appuyer sur le Droit pour essayer d'améliorer la vie des gens. On y va en se disant qu'on va donner quelque chose, mais en fait, c'est nous qui recevons beaucoup. Les rencontres sont tellement riches ! J'ai appris énormément à leur contact. À chaque fois que j'ai des difficultés, je les remets en perspective. C'est vrai que c'est de plus en plus difficile d'aider les réfugiés, mais raison de plus pour continuer. L'engagement me prend du temps mais cela ne me gêne pas : j'ai toujours fait mes études en ayant des activités bénévoles. Selon moi, la vie devient plus belle si on améliore celle des autres. Ma vie n'aurait pas de sens autrement. Ce n'est pas grand-chose mais j'aurai fait un petit peu. C'est important de ne pas rester passif : il ne suffit pas de se désoler sans rien faire. Tous les jours je me lève en sachant pourquoi ! De toute façon, je ne peux pas concevoir ma vie sans une cause à défendre. »

Romane, 25 ans, élève avocate, engagée à Avocats sans Frontières.

★

« Je ne peux pas voir le monde dans cet état sans réagir. »
« J'ai fait du bénévolat au cours de mon parcours scolaire. Et puis j'ai commencé des études pour devenir éducateur spécialisé. À cette occasion, au cours de stages auprès de personnes en situation de handicap ou sans domicile fixe, j'ai pu voir des gens qui étaient vraiment dans des situations difficiles, dans le besoin. Ça m'a vraiment marqué. J'ai bifurqué vers d'autres études mais je me suis toujours dit qu'il fallait que je continue à faire du bénévolat dans des associations. Je ne l'ai pas fait durant une période d'un an ou deux, et je me suis dit qu'il me manquait quelque chose. Dans l'association à laquelle je participe, on peut s'inscrire pour diverses activités : faire l'accueil, la cuisine, les maraudes... Ce que j'aime bien dans cette association, c'est qu'on privilégie la qualité sur la quantité. On fait cent cinquante repas par jour deux fois par semaine et on distribue des colis une fois par semaine.

En ce moment, j'ai beaucoup de travail, alors j'y vais un peu moins, mais en moyenne c'est de onze heures à dix-huit heures pour la cuisine. Parmi les gens qui viennent, il y a une majorité de femmes, mais c'est très mélangé socialement. Nous avons accueilli une étudiante qui n'avait pas mangé depuis une semaine... Elle a eu un malaise en arrivant... Quand on voit ça, on réalise qu'il y a vraiment urgence à s'engager aujourd'hui. En ce qui me concerne, je peux dire que je me sens bien quand je fais quelque chose qui est en lien avec les valeurs qui sont importantes pour moi : la fraternité, la solidarité, la compassion. Voir cette misère, ça me fait mal. Je ne peux pas voir le monde dans cet état sans réagir... Y penser, c'est une chose, mais le faire, c'est différent. C'est en le faisant concrètement que je me sens mieux. Quand je rentre chez moi et que je suis crevé, c'est une bonne fatigue. Cela valait le coup. Ça a du sens d'aider les gens qui sont dans le besoin. Je me sens mieux moralement. »

Théo, 29 ans, réalisateur,
bénévole dans une association d'aide alimentaire parisienne.

La culture sous toutes ses formes est, sous toutes les latitudes, ce qui nous permet de donner – et parfois de trouver – un sens à notre existence. C'est une donnée

L'EXPRESSION ARTISTIQUE : UNE NÉCESSITÉ ?

anthropologique : nous cherchons, sans cesse. Avec la littérature, la musique ou la peinture, nous tentons d'organiser, de comprendre le pourquoi de la vie.

COMMENT LA CULTURE EXPRIME-T-ELLE UN BESOIN DE SENS ?

« J'appelle culture le milieu humain, tout ce qui, par-delà l'accomplissement des fonctions biologiques, donne à la vie et à l'activité humaines forme, sens et contenu », écrivait le linguiste Émile Benveniste dans *Problèmes de linguistique générale*. La culture est donc ce qui donne sens à nos activités... que ce sens soit articulé - la littérature, la poésie, le théâtre - ou montré, suggéré - peinture, sculpture, arts graphiques et, bien sûr, musique. Il ne s'agit pas là d'une distraction, comme aller au concert le dimanche après-midi, mais d'un besoin spécifique et éternel. Nous connaissons les premières manifestations artistiques dès le Paléolithique, avec le développement de l'art pariétal et les magnifiques fresques retrouvées dans les grottes de Lascaux, Chauvet ou Cosquer. De nombreuses hypothèses sont avancées pour tenter de comprendre l'apparition de ces œuvres : manifestations religieuses, besoin esthétique, désir de laisser une trace, pratiques magiques... Nul ne sait vraiment, mais les chevaux qui galopent dans la grotte Chauvet manifestent un talent créateur des plus émouvants. La nécessité de l'expression artistique n'a jamais diminué avec l'évolution de l'humanité, au contraire : dans toutes les civilisations, récits, musique et représentations ont fleuri. Les expressions artistiques répondent à une inquiétude, une interrogation ou au contraire à une exaltation et traduisent une tentative de maîtrise du monde. Pour Kant, l'œuvre d'art, le « beau », n'est pas un concept mais une idée esthétique qui transcende l'entendement. Pour Heidegger, l'art est à la fois origine et création du monde... En cela il est une représentation, une interprétation du monde qui suscite des émotions, des affects. Il s'agit alors d'un élargissement de notre connaissance. C'est pourquoi aucune communauté humaine ne se passe d'art : nous en avons un besoin vital, quelle que soit la forme que prend cette création. Elle est à la fois l'expression de la communauté ou de l'artiste qui la produit et une tentative de saisissement du monde, une forme de spiritualité, un dépassement de l'animalité, qu'il s'agisse des danses aborigènes, du rap ou du plafond de la chapelle Sixtine. Sans art, nous serions condamnés à la régression...

LA GROTTE COSQUER, UN CHEF-D'ŒUVRE (EN PARTIE) ENGLOUTI

Cette grotte à moitié sous-marine est un trésor de l'art pariétal. Cachée au milieu des calanques marseillaises, elle a été découverte en 1985 par un plongeur professionnel, Henri Cosquer : à l'occasion d'une sortie en mer, celui-ci tombe sur un boyau de 116 mètres de long débouchant sur une grotte composée de plusieurs parties, émergées et immergées aujourd'hui. À l'époque des chasseurs-cueilleurs qui la fréquentaient, il y a trente mille ans, la grotte était accessible et le niveau de la Méditerranée plus bas de quelque 120 mètres. Depuis, le niveau des eaux monte sans cesse : avec le réchauffement climatique, elle finira par être totalement ennoyée et son décor définitivement

perdu. Une course contre la montre est engagée pour faire un relevé précis des œuvres encore présentes. Un travail essentiel pour que nous puissions contempler ce que nos ancêtres nous ont laissé, témoignage lointain de nos besoins de représentations, d'art (même si, bien sûr, les habitants de la région n'ont sans aucun doute jamais envisagé leurs dessins et gravures comme des « œuvres d'art ») et d'interprétation du monde.
Les dessins, réalisés au charbon de bois (dont il reste des traces au sol), représentent des animaux de nombreuses espèces différentes : chevaux, bouquetins, bisons, aurochs, cerfs, mégacéros (grands cerfs des tourbières) mais aussi, et c'est surprenant pour un regard moderne, des phoques et de grands pingouins (encore très présents dans l'Atlantique nord, selon les spécialistes) témoignant du climat glaciaire qui régnait sur la région à cette époque. Plus loin, dans une autre salle, un puits dont les parois sont ornées de dizaines d'empreintes de mains en « négatif », c'est-à-dire obtenues en projetant sur la paroi un mélange de salive et de charbon de bois, pour les traces noires, ou de salive et d'argile rouge, présente dans le sol de la cavité, pour les traces rouges. Des représentations particulièrement émouvantes : là des hommes, mais aussi des femmes et des enfants, ont signé leur passage, il y a des dizaines de milliers d'années. Plusieurs de ces traces sont celles de mains mutilées. Doigts manquants ou doigts repliés lors de la projection de couleur ? Nul ne le sait aujourd'hui…

Que cherchaient nos ancêtres en ornant cette grotte ?
La réponse est très frustrante : personne n'est en mesure de répondre à cette question. S'agissait-il de cérémonies religieuses, chamaniques, thérapeutiques ? De tentatives de comprendre le monde, de lui donner un sens ? Le mystère demeure entier. D'autres grottes semblent avoir abrité

des représentations du ciel et des constellations (Lascaux, Chauvet, Altamira) mais rien n'est assuré. En tout cas, compte tenu de l'intense fréquentation de la grotte au fil des millénaires, il est certain que ce site était connu, utilisé pour différentes raisons mais pas habité : il n'y a aucune trace de restes humains ni de nourriture. Les préhistoriens Jean Clottes et Jean Courtin ont avancé l'hypothèse que des pratiques médicinales ont pu s'y dérouler : les parois ont été raclées pour en retirer une substance molle, le « mondmilch », du carbonate de calcium pouvant servir de pansement ou d'anti-diarrhéique. Ce n'est là pour l'instant qu'une supposition, et les années à venir nous en diront sans doute davantage.

Toutes vos questions sur...

LA RESTITUTION DE LA GROTTE COSQUER, OUVERTE À TOUS ?

Pour permettre au public de contempler les trésors de la grotte Cosquer, un grand projet ouvrira ses portes le 04 juin 2022 à Marseille, à proximité du MUCEM : il s'agit d'une reconstitution de la grotte, obtenue grâce aux relevés en 3D réalisés lors d'expéditions archéologiques. Elle donnera aux visiteurs la possibilité de découvrir la configuration du site et de comprendre comment l'eau a recouvert une grande partie du lieu et continue de monter. De petits véhicules autonomes circuleront dans les différentes salles, ornées de la restitution exacte des dessins et traces de mains. Un parcours d'interprétation de la Préhistoire est également prévu ainsi qu'une explication de la montée des eaux dans la grotte.

VILLA MÉDITERRANÉE, PROMENADE ROBERT LAFFONT, 13002 MARSEILLE, À CÔTÉ DU MUCEM, ESPLANADE DU J4, WWW.GROTTE-COSQUER.COM

« LA LECTURE ÉTEND NOTRE EXPÉRIENCE DE LA VIE ET L'APPROFONDIT. »

L'éclairage d'Alberto Manguel

Le célèbre essayiste, auteur entre autres de *Journal d'un lecteur*, *Je remballe ma bibliothèque*, *Une histoire de la lecture* (Actes Sud), immense lecteur, ancien directeur de la Bibliothèque nationale d'Argentine, traducteur, homme à la culture encyclopédique, polyglotte, nous éclaire sur la manière dont la lecture peut agrandir notre vie.

Pensez-vous que la lecture puisse donner du sens à notre vie ?

On peut commencer par rappeler qu'en anglais l'expression « sens de la vie » est devenue parodique. C'est la question que l'on pose si on veut se moquer des entreprises philosophiques. Mais je vois bien ce que vous voulez dire. Bien sûr, nous, les êtres humains, nous cherchons un sens à cette vie qui nous paraît si absurde, si tragique, si compliquée. Je dirais que l'idée de « sens » est une idée que l'espèce humaine a développée dans ses réflexes de survie, grâce à l'imagination, la réflexion, la logique, mais ce sont des qualités ou des fonctions qui n'ont pas d'existence dans l'univers. L'univers n'a pas de sens philosophique ni physique. À partir de cette invention de notre imagination, l'idée que les choses puissent avoir un sens, à partir de pensées comme l'idée de causalité, nous avons voulu trouver une signification dans ce passage du berceau à la tombe et peut-être dans l'au-delà.

Dans les sociétés du livre, cela passe presque toujours par la lecture. Les textes qui se présentent à notre attention ne sont pas actifs en eux-mêmes. Ils sont toujours passifs : ce sont des taches d'encre sur une page ou des étincelles sur un écran. En les parcourant nous inventons un sens, de la même façon que notre cerveau, bombardé par des sensations physiques et mentales tout au long de la journée, reconstruit une histoire pour donner un sens à ce qui nous arrive. Quand nous lisons un roman, un essai, un poème, toutes ces catégories inventées par les bibliothécaires pour nous guider dans les textes, nous inventons une signification qui veut réunir dans des constellations narratives les éléments que le texte nous présente.

C'est-à-dire ?

Eh bien, ce ne sont pas seulement les éléments présents sur la page, les développements du texte, mais aussi les inventions de l'auteur, du lecteur, des protagonistes... Tout cela aide à donner un sens, mais comme ce sens est inventé il peut devenir, sur un même texte, positif, négatif, optimiste, politique, psychologique. Ainsi, nous pouvons trouver du sens en lisant Proust. D'ailleurs, aujourd'hui, « Comment Proust m'a sauvé la vie », « Comment je me suis reconnu dans les essais de Montaigne », etc., sont quasiment des genres littéraires. Mais on peut créer presque n'importe quoi à partir de ces textes.

C'est une question d'interprétation.
Oui, mais c'est peut-être simplement une inclination, un goût, une intuition. Prenons l'exemple d'*Alice au pays des merveilles*, qui a été, nous dit Lewis Carroll, inventé au fur et à mesure qu'il racontait l'histoire à trois petites filles, avec des jeux de mots, des blagues que les fillettes pouvaient comprendre et en référence à la culture victorienne : ce texte a été analysé comme ayant un sens politique, par exemple. Certains critiques y ont vu une bataille entre les conservateurs et les libéraux, une allégorie des querelles religieuses à Oxford, ou en ont tiré une interprétation psychologique ou psychanalytique... Tout cela se justifie ou pas. Tout peut être justifié dans une certaine mesure. Umberto Eco disait que les limites de l'interprétation coïncident avec les limites du sens commun... Donc, oui, nous pouvons trouver un sens à la vie dans nos lectures, mais ce sens n'est pas plus garanti que le sens d'un rêve ou d'un jeu de cartes.

Ce sens n'est valable que pour celui qui lit.
Oh, d'autres lecteurs peuvent être très convaincants ! Si Philippe Sollers vous explique le sens d'un texte, peut-être que vous arriverez à le croire parce qu'il a le don de la rhétorique nécessaire pour vous convaincre.

Pour le dire autrement, on trouve dans les textes ce que l'on a envie d'y trouver, même à son insu.
Oui. Et parfois cette envie consiste à juger nos propres limites, nous convaincre que notre interprétation n'est pas une interprétation personnelle mais qu'elle suit un dogme philosophique, politique, religieux...

Vous donnez un grand coup de pied dans toutes les exégèses, dans toutes les études littéraires...

Les critiques littéraires sont des inventions ! Elles n'existent que parce qu'elles ont la force intellectuelle d'exister mais elles n'ont pas une existence réelle prouvée. Je peux soutenir que Proust donne un sens à la société de son époque et à la notion de mémoire. C'est sûrement valable dans la mesure où ça peut se trouver dans l'œuvre de Proust.

Qu'en est-il de la poésie ? Par définition, elle ne peut se réduire à un sens. Elle est ce que nous en faisons.

Pas plus qu'un essai ou un roman. La poésie n'a pas le privilège du sens multiple. Tout texte a plusieurs sens. Le fait de parler de « poésie » indique que vous acceptez la classification en genres. C'est une toponymie qui sert surtout à se battre contre elle ! Borges a passé sa vie à essayer de démolir les frontières entre fiction, non-fiction, poésie... Malheureusement, il a échoué parce que son éditeur américain a décidé de classer son œuvre en « poésie », « fiction », « non-fiction », ce qui va à l'encontre de tout son travail. Mais il est sûr que certains textes ont une ambiguïté plus forte que d'autres et donc se prêtent plus facilement à une interprétation. Il est beaucoup plus facile de donner plusieurs sens au *Bateau ivre* de Rimbaud qu'à la Constitution des États-Unis !

C'est certain. Mais l'ambition de la Constitution des États-Unis n'est pas la même que celle qui portait Rimbaud...

Vous croyez donc à l'intention de l'auteur, cette invention de saint Thomas d'Aquin ? Vous croyez sur parole l'auteur qui vous explique pourquoi il a écrit un texte ?

Dans le cas de la Constitution, oui, sans doute.

Oui, une ambition politique, bien sûr. Et il est sans doute plus facile de se restreindre à un certain sens à la lecture de la Constitution qu'à celle du *Bateau ivre*.

La lecture nous permettrait-elle d'être davantage que ce que nous sommes ?

Certes. L'espèce humaine a développé le pouvoir de l'imagination pour se permettre d'avoir des expériences sans en avoir l'expérience concrète. L'imagination nous permet de savoir ce qu'est la mort, le danger, le plaisir... Nous construisons des narrations pour avoir cette expérience et en être convaincus. Certaines de ces imaginations ont donné lieu à des expériences plus profondes, plus étendues. La lecture, pour en revenir à Rimbaud, pour en revenir à Proust, étend notre expérience de la vie, l'approfondit, sans que nous ayons vécu les malheurs de la duchesse de Guermantes ou que nous nous soyons imaginé être un bateau. Nous nous sentons plus connaisseurs du monde, sans l'avoir vécu dans notre chair, par cette magie de la lecture. Quelqu'un qui reste chez soi par ces temps de pandémie peut, sans prendre de risques, faire ce voyage autour de sa chambre, autour de son cerveau, de son âme, pour reprendre une expression imaginaire.

Il semble d'ailleurs que les ventes de livres en France aient augmenté durant le confinement. Cependant, le pouvoir de séduction des écrans ne menace-t-il pas le pouvoir de la lecture ?

Vous savez, à chaque révolution technologique nous avons ressenti la même chose. Lorsque nous sommes passés de la tablette d'argile au papyrus, du papyrus au codex, du manuscrit à l'imprimé, nous avons senti qu'un monde disparaissait, que les choses ne seraient plus les mêmes... Mais les choses ne sont jamais les mêmes d'un jour à l'autre. Qu'il s'agisse de la technologie électronique ou de celle de l'imprimerie, elles ont des effets sur le texte lui-même. On n'écrit pas de la même façon en sachant que ce sera imprimé ou diffusé sur un écran. Ces changements, nous pouvons les juger positivement ou négativement, mais ils sont là ! Nous n'avons pas à donner notre consentement. Sauf de manière personnelle : je n'utilise pas la lecture sur écran. Mais c'est ma préférence ! Horace Walpole n'aimait lire que des textes imprimés en italique... Les technologies n'ont pas de hiérarchie : un texte de Proust sur écran demeure un texte de Proust...

Néanmoins, on constate une baisse de la lecture : une étude indique qu'en France les « grands lecteurs » lisent dix livres par an.

Les statistiques sont un genre nostalgique. Le nombre de lecteurs dans les sociétés du livre a toujours été tout petit. Que ce soit en Mésopotamie, durant la Renaissance, au XIXe siècle, les grands lecteurs étaient très peu nombreux. Et quand nous parlons de dix livres, rappelons-nous que saint Jérôme, très grand lecteur, devait avoir un ou deux livres dans sa bibliothèque... Lire dix Agatha Christie par an, est-ce la même chose que lire l'œuvre complète de Valéry, de Lobo Antunes ou de Shakespeare ? Ces textes nécessitent de prendre son temps et offrent au lecteur une possibilité de villégiature ou de résidence permanente... Les statistiques veulent dire ce que l'on veut leur faire dire.

Vous avez écrit dans *Je remballe ma bibliothèque*[1] : « J'ai souvent senti que ma bibliothèque expliquait qui j'étais, me donnait une identité mouvante qui ne cessait de se transformer au fil des ans. » C'est peut-être cela, aussi, le sens que les livres peuvent donner à nos vies ?

C'est vrai. Certains textes m'ont permis de me reconnaître, reconnaître mon expérience présente, passée et à venir. Il y a certains livres que je lis comme si c'était mon autobiographie. Je reviens à *Alice au pays des merveilles*, que je lis depuis mon adolescence, ou à *La Divine Comédie*, que je lis depuis une quinzaine d'années. À chaque fois, ce sont pour moi des textes identitaires qui me permettent de mettre en mots mon expérience, que je ne parviens pas toujours à comprendre. Ces textes m'aident à trouver un sens à ce que j'ai vécu.

1. Actes Sud, 2018.

Cela a toujours été le cas depuis ma prime enfance. Je me souviens très bien d'avoir voyagé, connu l'aventure, la peur et même la mort à travers les textes que je lisais.

Vous ajoutez un peu plus loin : « Je sais que mon histoire vraie se trouve tout entière ici, quelque part sur ces rayonnages... »

C'est vrai pour tout lecteur. Quand des jeunes venaient visiter la bibliothèque, je leur disais : « Vous savez, il y a là sur les étagères un livre, une page, un paragraphe qui a été écrit pour vous. Pour vous seulement. »

Quels livres pourraient être un soutien en ces moments de pandémie ?

Oscar Wilde disait qu'il est impertinent de donner un conseil de lecture... Néanmoins, il y a un livre que je trouve très important, c'est un petit livre d'Alessandro Baricco, *Ce que nous cherchons*[1]. C'est extraordinaire : l'auteur envisage la pandémie comme une créature mythique. Et puis certains classiques comme *Robinson Crusoé*, très important pour comprendre que l'on peut arriver à refaire une société en confinement et se rappeler l'importance d'être avec d'autres, et puis *Vingt mille lieues sous les mers* et *L'Île mystérieuse* de Jules Verne. Le capitaine Nemo est un personnage de confinement...

RETROUVEZ *GRAND BIEN VOUS FASSE !* EN PODCAST

- **À quoi sert encore la culture générale ?**
- **Magie, films, lectures, philo et bons petits plats.**
- **Pourquoi l'imagination nous rend humain ?**
- **Comment Montaigne peut nous aider à vivre ?**
- **Comment donner l'envie de lire aux enfants ?**
- **Ces livres qui nous font rire et qui nous font du bien.**

1. Gallimard, 2021.

« SI JE N'AVAIS PAS EU LE DESSIN, JE N'AURAIS SANS DOUTE PAS PU REMONTER LA PENTE. »

L'éclairage de Coco

Le dessin a permis à la dessinatrice Coco (*Charlie* et *Libération*), victime de l'attentat qui a touché *Charlie Hebdo* le 7 janvier 2015, de reprendre pied, de redonner du sens à la vie. Elle témoigne de ce long processus.

Comment vous est venu le goût du dessin ?

Dans mon enfance, le dessin c'était une bulle, mon univers. Dès le collège je me suis rendu compte à quel point le dessin pouvait faire rire. Un de mes profs aux Beaux-Arts de Poitiers m'a dit : « Tiens, tu devrais faire un stage à *Charlie*. » En 2007 j'ai envoyé une demande de stage et j'ai été prise. Quand je suis arrivée comme stagiaire-dessin, je me suis sentie bien même si ça a été dur parce que je ne savais rien faire ! J'étais totalement novice. Mais en 2008, j'ai eu un premier dessin publié. Ça m'a encouragée et j'ai approfondi ma connaissance de la caricature. Je sentais à quel point le dessin pouvait être un pont vers les autres, être un engagement, un partage de valeurs, d'idées. Permettait de prendre la parole, de critiquer...

***Charlie* a été une ouverture ?**

Oui. Je sortais d'une ambiance familiale lourde, j'étais réservée et très impressionnée par les gens autour de moi, coincée même ! Mais ça ne m'empêchait pas de mettre mes dessins au mur. *Charlie* m'a fait voir le monde comme personne.

Vous vous êtes frottée à ce milieu. Comment y avez-vous évolué ?

Pour moi, il était clair que c'était le dessin et rien d'autre. C'était ce que j'aimais faire. C'était un plaisir. J'ai cherché à comprendre comment faire évoluer mes dessins en dessins de presse, synthétiques, impactants. Pas si facile. Je me suis créé un blog pour travailler et montrer mes dessins. Je pigeais à *Charlie* et dans *Le Psikopat* (magazine BD, humour), j'étais pionne pour « croûter », comme on dit. Ce qui me permettait d'avancer. À partir de 2012, j'ai commencé à mieux comprendre comment ça marchait. Charb m'a proposé de participer au « 28 minutes » sur Arte... Et puis Luz m'a proposé de prendre sa suite aux *Inrocks* pour illustrer le billet d'humeur satirique de Christophe Conte. Tout ça me permettait de me développer.

Est-ce que la transmission entre Willem et vous à *Libération* contribue à donner du sens à ce que vous faites ?

Le sens que j'y vois, c'est le plaisir que l'on peut donner aux lecteurs. La passion vous porte. Il y a le propos, les idées qu'on fait passer, les opinions qu'on défend. Et puis il y a l'humour. C'est une consolation. Je me suis rendu compte avec les gens de *Charlie* qu'ils dépassaient tout ça. C'était une lutte plus large. Un esprit. Et quand on le comprend, on est mieux. De manière utopique, c'est peut-être une façon de rendre le monde un peu meilleur.

Vous contribuez à faire vivre l'esprit de *Charlie*.

Peut-être. Un peu. Je ne sais pas ! En tout cas, je ne me vois pas comme une héritière : c'est un costume beaucoup trop grand pour moi. On verra dans quinze ans... Je ne maîtrise pas tout, loin de là. Quand j'ai démarré, je n'y connaissais rien. Peut-être que ça, ça peut inspirer des gens, leur dire : « C'est possible, en s'accrochant. » Je ne me rends pas bien compte.

Et puis il y a eu les attentats. Comment avez-vous réussi à attraper le fil du dessin, à ne pas le lâcher, après ce fracas ?

Je n'aurais pas pu écrire. Par pudeur. Philippe Lançon a passé outre à la pudeur. Il a raconté des choses difficiles. C'était son besoin. Ce n'était pas représentable en dessin. Je voulais suggérer des choses aux lecteurs pour qu'ils comprennent la violence, la brutalité, la fulgurance, l'effroi. À eux d'imaginer. D'essayer d'entrevoir. La scène de l'escalier, qui a duré très peu de temps dans la réalité, est interminable quand on la vit. Par le dessin, par les codes du dessin, j'ai essayé d'en rendre compte. Il n'y a pas de bruit. On disparaît. On est écrasé par la violence. C'est ça qu'il faut suggérer. Par exemple, dans mes dessins, les terroristes sont énormes, massifs, lourds. On m'a dit qu'ils semblaient être des fantômes mais pour moi c'était plutôt des masses, une sensation d'écrasement.

Mettre tout ça sur le papier, ça vous a demandé du temps...

Pour arriver à raconter dans un livre, oui. Mais j'ai recommencé à dessiner pour le journal tout de suite. Luz a dit dans son livre : « Le dessin m'a quitté et il est revenu. » Moi, il ne m'a pas quittée. Si je n'avais pas eu le dessin à ce moment-là, je crois que je n'aurais pas pu remonter. Si je m'étais arrêtée un instant, il me semble que je n'y serais jamais arrivée. Au début, c'était un réflexe de survie. J'avais le choc du traumatisme, la culpabilité. J'étais noyée là-dedans. Temporairement, ça me permettait de me focaliser sur quelque chose qui m'occupait l'esprit, cet esprit englué dans le 7 janvier... Le dessin était une bouée. Il y avait cette urgence à redessiner pour le journal.

À ce crime politique il fallait répondre par un acte politique. Les Kouachi voulaient tuer les dessinateurs, tuer le dessin, tuer le blasphème, tuer la liberté. Il fallait dessiner pour défendre nos valeurs, même si ça paraît maigre sur le moment...

On a sorti ce numéro. Je n'étais pas encore au niveau d'un Cabu ou d'un Luz, même si je m'étais améliorée. J'en avais besoin aussi pour me construire et parce que je ne voyais pas d'autre possibilité de ne pas penser au 7 janvier. Se noyer dans le boulot, temporairement c'est une aide. On n'est plus dans le chaos.

Peut-être aussi pour reprendre contact avec soi-même ?

J'ai repris contact avec moi-même quand j'ai rencontré monsieur Jean. Je travaillais jusqu'à trois heures du matin pour repousser l'heure de dormir, moment où la tuerie revenait m'envahir. Ça a été un cercle vicieux pendant des mois. Il a alors fallu lâcher un peu le dessin pour m'occuper de moi. Mon psy m'a aidée. Il a employé le mot « espace ». Mettre de l'espace entre moi et le 7 janvier. Ça a été long, mais j'ai pu recommencer à respirer. C'était plus facile de passer de la survie à la vie dans le dessin.

Comment en êtes-vous arrivée à l'idée de l'album ? Est-ce que c'était une nouvelle étape ?

Le procès arrivait, je devais y témoigner. Le livre s'est alors imposé à moi presque comme une évidence. Je constatais que dans mon entourage, le 7 janvier n'avait plus la même force, on oubliait certains détails et ça m'avait heurtée. La mémoire de cet événement n'était pas la même pour moi et pour les autres. J'ai pris conscience de mon devoir de transmission. À *Charlie*, je crois, en écrivant, en dessinant, chacun a donné une part de lui pour construire une mémoire collective.

Comment avez-vous abordé cela ?

Ce qui m'est venu d'abord, c'est cette image de la vague. J'étais submergée par ce qui s'était passé. Un envahissement incontrôlable. Il faut tenter de s'en sauver. Au début, je me disais : « Si je n'y arrive pas, j'arrête. » Finalement, je me suis sentie bien. J'étais prête à dessiner. Avant je n'aurais pas pu, l'idée même de le faire me rebutait. Je ne voyais pas ce devoir de mémoire... Il fallait que je me renforce, que je comprenne ce que je traversais.

Au fur et à mesure, avez-vous eu l'impression d'avancer, que le dessin vous aidait à traverser ce tunnel ?

Oui. Le dessin m'a aidée à formuler des choses que je n'aurais pu exprimer autrement. Je voulais que cela passe par de l'intensité, des rythmes, des couleurs... Tard le soir, je dessinais en cherchant au fond de moi les émotions, pour les mettre sur les feuilles. Mais je ne voulais pas être enfermée dans l'émotion. Les émotions, c'est le moteur de quelque chose de plus grand : la vie, la résistance.

Et quand le livre a été terminé, est-ce que quelque chose de plus vivant est revenu ?

Pendant le procès, ma seule inquiétude c'était de me tenir droite et de dire ce que j'avais à dire. J'y ai montré mes tripes. Face au livre, j'étais seule avec moi. Je ne savais pas comment cela allait être perçu. Vous savez, je l'ai fait aussi pour moi. Je voulais que cela ne disparaisse pas. Ni le 7 janvier, ni ma tristesse, ni nos amis de *Charlie*.

Je me suis surprise à aimer certaines trouvailles graphiques, même si ça parlait de choses dures. J'ai bizarrement aimé la manière dont j'arrivais à articuler des choses et rendre compte de tout cela, et je crois l'avoir fait sans pathos. C'était un travail à l'ancienne, quasiment rien n'a été retouché, comme je voyais faire Cabu ou Luz avec la plume, l'encre, les colorex, les collages… La vie, quoi.

RETROUVEZ *GRAND BIEN VOUS FASSE !* EN PODCAST

- **Comment se relever d'un traumatisme psychologique ?**
- **Toutes vos questions sur les traumas.**
- **Comment se remettre d'un accident de la vie ?**

Avec le développement des techniques, nous avons peu à peu oublié que nous ne sommes pas des êtres extérieurs à la nature ou qui lui seraient supérieurs : que nous

COMMENT RENOUER AVEC LA NATURE ?

l'acceptions ou non, nous faisons partie de la nature. Une prise de conscience qui nous permet de savoir quelle est notre place et ce que nous sommes : des êtres vivants, parmi tous les autres.

POURQUOI AVONS-NOUS ROMPU LE LIEN AVEC LA NATURE ?

Lorsque nous courions à travers la savane et les bois à la recherche de gibier et de fruits, la question de notre relation avec la nature ne se posait vraiment pas ! Elle était et nous en étions. Et puis, avec la succession des millénaires, la suprématie des humains s'est affirmée. D'abord nous avons créé l'agriculture, puis l'élevage, nous avons soumis les animaux pour notre bénéfice puis sont venues l'écriture et les religions, notre capacité d'abstraction s'est développée, affirmée. Et nous avons avec génie entamé la grande aventure des inventions, de la technologie, de la philosophie, des arts… Cette extraordinaire marche s'est poursuivie et l'espèce humaine, ivre de son pouvoir, a peu à peu nié, oublié le lien si puissant qui l'unissait à la nature et dont elle fait partie. Le philosophe René Descartes a formulé l'idée que les animaux sont des sortes de machines dénuées de sensibilité. L'idée de la supériorité humaine sur le reste du monde s'est progressivement imposée, en particulier dans le monde occidental, entraînant un comportement de prédation sur les ressources, nous éloignant de la nature. C'est cette attitude qui entraîne un malaise, une perte de sens, un déséquilibre qui s'expriment chez chacun d'entre nous, jusqu'à des dépressions graves. En dépit de ces difficultés, la prise de conscience de l'étendue des dégâts (voir le dernier rapport du GIEC) s'étend. Plus rares désormais sont ceux qui en nient l'existence. Et les initiatives se multiplient, depuis les manifestations pour le climat jusqu'aux actions concrètes : en Islande, des entreprises expérimentent des moyens de piéger le CO_2 dans le sol ; l'agriculture biologique prend de l'ampleur ; le nombre de personnes cessant de manger de la viande augmente régulièrement, allant jusqu'à représenter aujourd'hui 5 % de la population mondiale, soit plus de 370 millions d'individus ; le nombre des cyclistes croît sans cesse ; des milliers d'associations en faveur de la protection de la nature existent en France, des dizaines de milliers en Europe, de plus en plus influentes. On pourrait multiplier les exemples. Agir est le meilleur moyen de ne pas perdre espoir, de redonner un sens à notre existence et retrouver notre place au sein du monde vivant. C'est le message que nous transmet Cyril Dion, activiste, auteur et réalisateur (voir p. 156) : bougeons-nous !

À LIRE

LES ÉMOTIONS DE LA TERRE

de Glenn Albrecht,
Les liens qui libèrent, 2020

Le philosophe australien Glenn Albrecht, spécialiste de l'environnement, a élaboré une nomenclature – exposée dans son livre, *Les Émotions de la terre* – des émotions qui nous assaillent lorsque nous perdons le contact avec la nature et que le sentiment d'étrangeté et d'absurdité nous envahit.
Vous y retrouverez-vous ? Extraits.

La solastalgie

Ce terme est le plus connu des néologismes de Glenn Albrecht. Il est désormais passé dans le langage courant, en tout cas dans les pays anglophones, et commence à se répandre en France et en Europe.

La solastalgie est cette tristesse qui nous envahit lorsque nous assistons à la destruction d'un paysage ou de notre environnement. Elle est « la douleur ou la détresse causée par une absence continue de consolation et par le sentiment de désolation provoqué par l'état actuel de son environnement proche et de son territoire. Il s'agit de l'expérience existentielle et vécue d'un changement environnemental négatif, ressenti comme une agression contre notre sentiment d'appartenance à un lieu ». Pour forger son concept, Glenn Albrecht s'est appuyé sur le chagrin qui s'est emparé des habitants de la Upper Hunter Valley, en Australie, lorsque des mines de charbon géantes ont été creusées et surexploitées. Pour qualifier la détresse des habitants, le philosophe emploie le terme de « pathologie du lieu ». Nombre d'entre eux furent obligés de s'exiler, d'abandonner leur maison, de vendre leurs terres, leur ferme, à la compagnie minière. Ceux qui ne partaient pas ressentaient « une mélancolie similaire à la nostalgie traditionnelle, causée par l'effondrement de leur relation normale entre leur identité psychique et émotionnelle et leur domicile... » Nous pouvons tous ressentir ce chagrin, que ce soit globalement face aux catastrophes qui s'accumulent et détruisent un paysage, une région (les habitants des régions allemandes détruites par les inondations, les Australiens face aux incendies) ou même la planète (la fonte de la calotte glaciaire).

Le trouble de déficit de nature

Ce trouble est suscité par le manque de contact avec la nature, en particulier chez les enfants élevés en ville et privés dans leur éducation de lien direct avec les éléments naturels. Glenn Albrecht donne pour exemple les jeunes Australiens qui passent, en raison de la chaleur, la plus grande partie de leur temps dans des lieux climatisés et fermés. Cet éloignement, souligne le philosophe, provoque des déséquilibres comme le déficit de l'attention, l'hyperactivité ou l'obésité et une indifférence, parfois même une phobie, envers les phénomènes naturels et les animaux. Le monde industriel développé jusqu'à l'absurde.

Écophobie, biophobie, amnésie générationnelle environnementale

L'écophobie et la biophobie sont les deux manifestations de la peur de la nature par manque de connaissance et de familiarité avec elle. Dans le premier cas il s'agit de la négation de la valeur de l'environnement, du déni de notre dépendance vitale. La biophobie est « une réaction de peur et d'aversion sélective envers certains organismes vivants et certains contextes naturels ». L'amnésie générationnelle environnementale est l'oubli progressif, avec la succession de générations séparées de la nature. « Chaque génération accepte une nature objectivement appauvrie comme étant la norme. »

Que se passe-t-il quand nous perdons le contact avec la nature ?

L'écoanxiété

Dans un environnement dégradé et face au changement climatique, l'écoanxiété est « une inquiétude liée à un environnement changeant et incertain ».

La météoranxiété

Cette anxiété est directement liée au changement climatique. Les habitants des régions les plus vulnérables éprouvent cette inquiétude mais la plupart d'entre nous l'ont déjà ressentie lors d'événements comme les tempêtes de 1999 ou les inondations de 2020 dans la vallée de la Roya. À cette appréhension des phénomènes climatiques violents s'ajoute l'angoisse plus générale du changement climatique et de ses conséquences dramatiques, de son imprévisibilité (voir l'interview de Sébastien Bohler, p. 19). Face à ces épisodes violents et incompréhensibles, dénués de sens, nous nous sentons démunis et vulnérables.

La mermerosité

La mermerosité est « un état généralisé d'anxiété à propos de l'extinction possible du monde familier et de son remplacement par des éléments perturbant notre sens du lieu ». Une forme de deuil anticipé qui génère anxiété, tristesse et sentiment d'absurdité.

Topoaversion

Ce sentiment est celui que l'on éprouve lorsqu'on ne veut pas revenir sur des lieux aimés lorsqu'on sait qu'ils ont été transformés. Selon Glenn Albrecht, ce blocage se manifeste par exemple lorsque des lieux autrefois préservés ont été atteints par le tourisme de masse et définitivement modifiés. Il donne l'exemple de ce qu'il a ressenti en visitant à nouveau, en 2017, l'alignement mégalithique de Stonehenge, qu'il avait parcouru dans les années 1970 lorsque le site était encore sauvage. Il suffit de penser à l'Everest ou au mont Blanc, où les déchets des grimpeurs s'accumulent...

Écoparalysie

Débordés par l'ampleur des problèmes environnementaux, nous avons du mal à passer à l'action : changer ses ampoules ou réduire ses déchets a-t-il un sens alors que l'industrie ne modifie ni ses comportements ni ses objectifs, ou seulement de façon partielle ? Le découragement et l'inquiétude face à l'incertitude peuvent provoquer l'impossibilité d'agir.

Retrouver du sens

L'une des pistes explorées par Glenn Albrecht pour retrouver du sens et une place non agressive sur la Terre réside dans une prise de conscience globale, l'abandon des catégories de pensée habituelles et le recours à une véritable révolution du sens : cessons de penser en termes « d'environnement » (nous serions au centre de la nature) mais réalisons que nous sommes une part du vivant, que notre vie humaine est dépendante des autres formes de vie. La vie est un « symbioment », c'est-à-dire une vie les uns avec les autres et avec les autres formes de vie. « La vie travaille avec la vie pour créer la vie. » Le philosophe conclut en nous appelant à œuvrer pour passer de l'Anthropocène au Symbiocène.

« IL FAUT ACCEPTER D'ÊTRE TOUCHÉ PAR L'ÉTAT DU MONDE AVANT DE POUVOIR AGIR. »

L'éclairage de Cyril Dion

Documentariste, écrivain, poète et activiste écologiste, Cyril Dion nous incite à passer à l'action, seul moyen de réduire notre anxiété face à l'état de la planète et à redonner un sens à notre vie.

Les changements du climat, les atteintes à la nature et à la biodiversité blessent-ils le sens de notre vie ?

Oui. Je crois que c'est inévitable. Je le vois même avec des atteintes localisées et d'une ampleur réduite. Juste derrière chez moi il y avait un petit bois, peut-être un millier d'arbres... C'était le seul petit bois à proximité, il y avait des écureuils, des oiseaux... Un jour, en revenant de tournage, je découvre que le petit bois était en train d'être rasé, parce que la famille qui le possédait l'avait vendu à un promoteur immobilier. Il était très intéressant de voir les réactions des gens qui vivaient à proximité : nombre de personnes qui passaient devant s'arrêtaient et disaient qu'elles étaient émues aux larmes... Des dames se désolaient en disant : « Mes petits écureuils... » D'autres étaient simplement bouleversées que l'on ait pu détruire ces arbres. La personne qui habitait en face m'a dit : « Ma vie a changé, ma qualité de vie s'est dégradée. » On le constate partout où des gens vivent à proximité d'un endroit naturel qui, tout d'un coup, est détruit. C'est vraiment physique, avant même d'aller chercher des arguments écologiques pour se révolter. C'est une atteinte profonde.

C'est exactement ce que dit Glenn Albrecht, le philosophe australien... Nous sommes profondément blessés quand se produisent des atteintes à la nature.

C'est très manifeste. Je viens de terminer mon film *Animal*[1]. Nous l'avons projeté en avant-première. On voit, dans les premières images du film, des animaux sauvages tués : des dauphins harponnés, des lions abattus. On voit aussi des animaux d'élevage maltraités... Il est très impressionnant de voir les témoignages des spectateurs. Certains, venus avec leurs enfants, leur cachent les yeux pour qu'ils ne voient pas ces images horribles... simplement parce que c'est réel ! Ce n'est pas de la violence fictive : c'est du

---

1. Nous nous sommes rencontrés avant la sortie de son documentaire *Animal*, voir p. 161.

vivant et c'est cela qui est choquant. On voit bien que si on accepte que cette destruction ait lieu c'est aussi parce qu'il y a une forme de virtualisation. Quand on voit que c'est réel, c'est insupportable. C'est la même chose pour les humains : on accepte que des gens souffrent pour aller chercher du lithium au fond des mines parce qu'on ne les voit pas ! Si on les voyait, ce serait autre chose ! Mais c'est loin...

On peut constater cela avec des personnes qui travaillent dans des abattoirs et ne le supportent plus, font des dépressions... Comment faire face à ces sentiments et à ces douleurs qui nous atteignent ?

Je pense que dans un premier temps il faut accepter d'être touché. Et c'est justement ce que nous avons du mal à faire, parce que c'est dur à supporter ! J'ai vu sur Brut le discours d'Harrison Ford lors du Congrès mondial de la nature. Il dit : « Arrêtons de faire croire à nos enfants que ça va aller ! Non. Ça ne va pas aller. C'est normal de ressentir de l'anxiété, de la colère, mais essayons de ne pas fuir ces sentiments. Habitons ce trouble, habitons cette douleur... » Il y a quelques années, nous avons organisé un week-end dont la première partie était consacrée à la prise de conscience de la situation écologique « pour de vrai ». Si nous n'acceptons pas cela, nous n'avons aucune chance de trouver les ressources pour une réponse ajustée ! Si nous n'en passons pas par là, nous resterons dans une part de déni. Une fois qu'on est passé par là, la meilleure réponse à l'anxiété c'est l'action. Se remettre en mouvement et se dire : « Je ne vais pas régler le problème à moi tout seul mais au moins cette dissonance cognitive très douloureuse entre ce qui se passe et ce que je fais, je vais essayer de la réduire en me mettant en route pour être un peu aligné avec ma vision des choses. »

C'est ce que vous faites en informant...

Oui, mais si on se contente de ça, on ne fait rien avancer. On peut même être contre-productif puisque justement on ne veut pas regarder... Je disais ça au moment de la Convention citoyenne : il est impossible d'organiser une réponse ajustée à la crise écologique si on est incapable de se mettre d'accord sur un constat.

Pourquoi éprouvons-nous un tel chagrin, pourquoi sommes-nous tellement touchés ?

Je crois que cela nous confronte à la mort. Quand on est face à l'idée que le changement climatique pourrait rendre cette planète partiellement inhabitable, c'est affreux ! Cela nous fait peur, on est terrorisé. Et pourtant, il faut agir. Si on fait une comparaison avec le fait que nous allons mourir : nous ne passons pas notre journée à y penser, parce que cela nous paralyserait et nous empêcherait de vivre ! Dans cet intervalle entre la naissance et la mort, il faut que notre pulsion de vie puisse s'exprime de la façon la plus intense, la plus heureuse, la plus intéressante et utile possible. C'est la même chose par rapport à la crise. À la logique de mort opposons une logique de vie. Il ne s'agit pas simplement de donner des solutions pour apporter de l'espoir : nous avons besoin de nous sentir en vie, de trouver du sens à l'action. Je donne des conférences dans les lycées. Je dis souvent : « Bien sûr que vous pouvez faire des choses le week-end, être militant... Mais avant tout, cherchez à être vous, à trouver ce qui vous passionne vraiment dans la vie et à faire ce qui vous donne le plus envie de vous lever le matin, parce que c'est comme cela que vous agirez. Les gens qui font de grandes choses, qui sont utiles à leurs congénères, ce sont des passionnés. Sinon c'est du militantisme sacrificiel, et au bout d'un moment on s'épuise. »

Comment, personnellement, traversez-vous tout cela ?

Ma façon de tenir, c'est justement de faire des choses que j'aime, que je ne considère pas comme un passe-temps. Je suis réalisateur, poète, écrivain... Je ne confonds pas cela avec le militantisme ! Militant, ce n'est pas un métier. Cela me permet de tenir, de faire des ponts, d'exprimer mon engagement à travers ce que je crée. Et ce qui me nourrit, c'est de toucher les gens, d'être utile. J'essaie de ne pas me mettre sur les épaules plus que ce que je peux porter. Une des personnes que l'on a interviewées pour *Animal*, un biologiste à qui on posait justement la question de son désespoir, a répondu : « Non, je ne suis pas assez intelligent. Et puis je préfère me concentrer sur ce que je peux faire plutôt que sur ce que je ne peux pas faire. » Voilà. C'est cela. Je ne me culpabilise pas, je fais ce que je peux...

L'échec de la Convention citoyenne, ce n'était pas trop dur ?
Honnêtement, depuis la lettre ouverte parue dans *Le Parisien* en janvier 2020, et le moment où je me suis retrouvé avec Macron à l'Élysée, on n'a jamais vraiment pensé que ça aboutirait... Donc tout ce qui se passait était du bonus ! On ne pensait même pas que notre idée serait acceptée. Après, on ne pensait pas qu'ils nous laisseraient faire comme on voulait. On y est arrivé plus ou moins, et après, on ne s'attendait pas à ce qu'ils reprennent les mesures et on savait que ce serait une bataille politique qui aurait fort peu de chances d'aboutir... On n'est pas naïf ! Ce qui est difficile, c'est la quantité d'énergie qu'il faut investir pour si peu de résultats ! On a eu cette conversation avec Claire Nouvian, qui a fait interdire la pêche en eaux profondes. Elle a mis huit ans à y parvenir, et durant ces huit ans des décisions inverses en nombre incalculable ont été prises. La Convention citoyenne a permis de faire une loi climat, insuffisante mais qui n'existerait pas si on n'avait pas fait tout ça. Cela nous a pris deux ans et demi, et on arrive à une loi qui n'est pas à la hauteur des objectifs... C'est vrai, c'est difficile et ce ne serait pas soutenable si je ne faisais que cela. Je serais complètement découragé. Mais je me nourris avec d'autres choses et je sépare cela de la création.

Et c'est en groupe que l'on trouve de la force.
Oui. On s'est dit cela pour la loi climat. Rien que se sentir ensemble, cela nous donnait de la force. Souhaitons que tout ce

qui se passe depuis trois ans, à propos du climat comme du virus, nous permettra de comprendre que nous devons agir et que notre santé est conditionnée par celle du reste du vivant. C'est une perspective plus sympa que de se dire que l'on aura de plus en plus d'écrans plats et de technologie…

ANIMAL

DOCUMENTAIRE DE CYRIL DION, SORTI EN DÉCEMBRE 2021.

Bella Lack et Vipulan Puvaneswaran ont 16 ans, une génération persuadée que leur avenir est menacé. Changement climatique, 6e extinction massive des espèces… d'ici cinquante ans leur monde pourrait devenir inhabitable. Ils ont beau alerter, rien ne change vraiment. Alors ils décident de remonter à la source du problème : notre relation au monde vivant.

Sous l'impulsion de la primatologue Jane Goodall, tout au long d'un extraordinaire voyage, ils vont comprendre que nous sommes profondément liés à toutes les autres espèces, qu'en les sauvant, nous nous sauverons aussi. L'être humain a cru qu'il pouvait se séparer de la nature, mais il est la nature. Il est, lui aussi, un animal.

RETROUVEZ *GRAND BIEN VOUS FASSE !* EN PODCAST

- Pourquoi la pollution de l'air nous rend malades ?
- Pourquoi notre cerveau met en danger la planète ?
- Ces jardins qui nous font du bien.
- Pourquoi la nature peut sauver le monde ?
- Comment se reconnecter à la nature ?
- Comment réussir sa transition écologique quand on attend un enfant ?

À LIRE

MANIÈRES D'ÊTRE VIVANT

de Baptiste Morizot,
postface d'Alain Damasio,
Actes Sud (2020)

Baptiste Morizot est écrivain et maître de conférences en philosophie à l'université d'Aix-Marseille. Ses travaux, consacrés aux relations entre l'humain et le vivant, s'appuient sur des pratiques de terrain. Extraits.

La crise écologique qui est la nôtre est bien une crise des sociétés humaines : elle met en danger le sort des générations futures, les bases mêmes de notre subsistance, et la qualité de nos existences dans des environnements souillés. C'est aussi une crise des vivants : sous la forme de la 6e extinction des espèces, de la défaunation, comme de la fragilisation des dynamiques écologiques et des potentiels d'évolution de la biosphère par le changement climatique. Mais c'est aussi une crise d'autre chose, de plus discret, et peut-être plus fondamental. Ce point aveugle, j'en fais l'hypothèse, c'est que la crise écologique actuelle, plus qu'une crise des sociétés humaines *d'un côté*, ou des vivants *de l'autre*, est une crise de nos *relations* au vivant.

La crise écologique actuelle, plus qu'une crise des sociétés humaines d'un côté, ou des vivants de l'autre, est une crise de nos *relations* au vivant.

C'est spectaculairement d'abord une crise de nos relations productives aux milieux vivants, visible dans la frénésie extractiviste et financiarisée de l'économie politique dominante. Mais c'est aussi une crise de nos relations collectives et existentielles, de nos branchements et de nos affiliations aux vivants, qui commandent la question de leur *importance*, par lesquels ils sont de notre monde, ou *hors* de notre monde perceptif, affectif et politique.

Cette crise est difficile à nommer et à comprendre. Chacun pressent néanmoins avec précision ce qu'elle nous intime : il faut passer à d'autres relations envers les vivants.

L'enthousiasme contemporain induit par les expérimentations politiques de nouvelles manières d'habiter et d'entrer en relation avec les vivants, la montée des formes de vie collective alternatives, le goût pour les agroécologies et les sciences subversives qui redécrivent autrement la nature vivante, riche en communications

et significations, sont des signaux faibles, mais puissants, de ce pivot dans la conjoncture qui est la nôtre.
Un aspect de cette crise passe néanmoins plus inaperçu, par le caractère discret et à peine bruissant de sa dimension politique, c'est-à-dire de ses possibilités de politisation. C'est celui qui consiste à la penser comme une crise de la sensibilité.

La crise de nos relations au vivant est une crise de la sensibilité parce que les relations que nous avons pris l'habitude d'entretenir avec les vivants sont des relations à la « nature ». Comme l'explique l'anthropologue brésilien Eduardo Viveiros de Castro, les héritiers de la modernité occidentale que nous sommes pensent qu'ils entretiennent des relations de type « naturel » avec tout le monde des vivants non humains, car toute autre relation envers eux est impossible. Les relations possibles dans le cosmos des modernes sont de deux ordres : ou bien naturelles, ou bien sociopolitiques, et les relations sociopolitiques sont réservées exclusivement aux humains. Conséquemment, cela implique qu'on considère les vivants essentiellement comme un décor, comme une réserve de ressources à disposition pour la production, comme un lieu de ressourcement ou comme un support de projection émotionnel et symbolique. Être un décor et un support de projection, c'est avoir perdu sa consistance ontologique. Quelque chose perd sa consistance ontologique quand on perd la faculté d'y faire attention comme un être à part entière, qui compte dans la vie collective. La chute du monde vivant en dehors du champ de l'attention collective et politique, en dehors du champ de l'important, c'est là l'événement inaugural de la crise de la sensibilité.
Par « crise de la sensibilité », j'entends un appauvrissement de ce que nous pouvons sentir, percevoir, comprendre, et tisser comme relations à l'égard du vivant. Une réduction de la gamme d'affects, de percepts, de concepts et de pratiques nous reliant à lui. Nous avons une multitude de mots, de types de relations, de types d'affects pour qualifier les relations entre humains, entre

collectifs, entre institutions, avec les objets techniques ou avec les œuvres d'art, mais bien moins pour nos relations au vivant. Cet appauvrissement de l'empan de sensibilité envers le vivant, c'est-à-dire des formes d'attention et des qualités de disponibilité à son égard, est conjointement un effet et une part des causes de la crise écologique qui est la nôtre.

Un premier symptôme de cette crise de la sensibilité, peut-être le plus spectaculaire, est exprimé dans la notion d'« extinction de l'expérience de la nature » proposée par l'écrivain et lépidoptériste Robert Pyle : la disparition de relations quotidiennes et vécues au vivant. Une étude récente montre ainsi qu'un enfant nord-américain entre 4 et 10 ans est capable de reconnaître et distinguer en un clin d'œil expert plus de mille logos de marques, mais n'est pas en mesure d'identifier les feuilles de dix plantes de sa région. La capacité de discrimination des formes et des styles d'existence des autres vivants est massivement redirigée vers les produits manufacturés, et cela se redouble d'une sensibilité très faible aux êtres qui peuplent avec nous la Terre. Réagir à l'extinction de l'expérience, à la crise de la sensibilité, c'est enrichir la gamme de ce que, envers la multiplicité des vivants, on peut sentir, comprendre, et tisser comme relations.

> Quitter la ville, alors, ce n'est pas bucoliquement s'éloigner des bruits et des nuisances, ce n'est pas aller vivre à la campagne, c'est aller vivre *en minorité*.

Il existe un lien discret mais profond entre la disparition contemporaine massive des oiseaux des champs, documentée par des études scientifiques, et la capacité d'un chant d'oiseau urbain à faire sens dans une oreille humaine. Lorsqu'un Amérindien Koyukon entend le cri d'une corneille en Alaska, le son s'insinue en lui et, par grappe mémorielle, lui restitue simultanément l'identité de l'oiseau, les mythes qui racontent ses mœurs, leurs filiations communes et leurs alliances immémoriales dans le temps du mythe. Il y a des corneilles partout dans nos villes, leurs appels arrivent chaque jour à nos oreilles et nous n'entendons rien, parce qu'on les a transformées en bêtes dans nos imaginaires : en « nature ». Il y a quelque chose de triste dans le fait que les dix chants d'oiseaux différents qu'on entend chaque jour ne parviennent pas au cerveau autrement que comme bruit blanc, ou au mieux évoquent un nom d'oiseau vide de sens : c'est comme des langues anciennes que plus personne ne parlerait, et dont les trésors sont invisibles.

La violence de notre croyance en la « Nature » se manifeste dans le fait que les chants d'oiseaux, de grillons, de criquets, dans lesquels on est immergés en été dès qu'on s'éloigne des centres-villes, sont vécus dans la mythologie des modernes comme un silence reposant. Alors qu'ils constituent, pour qui veut bien essayer de les traduire, de les sortir du statut de bruit blanc, des myriades de messages géopolitiques, de négociations territoriales, de sérénades, d'intimidations, de jeux, de plaisirs collectifs, de défis lancés, de tractations sans paroles. La moindre prairie fleurie est un caravansérail cosmopolite, multilingue, multi-espèces et bourdonnant d'activité. Un vaisseau spatial aux confins de l'univers, où des centaines de formes de vie différentes se rencontrent et établissent des *modus vivendi*, en communiquant par le son. Les nuits de printemps, on entend résonner dans ce vaisseau les chants-lasers des rossignols, qui combattent sans violence, à grands coups de beauté, pour attirer leurs compagnes arrivant après eux de migration et errant la nuit dans les bois pour trouver leur mâle ; on entend interloqué les abois des chevreuils, borborygmes gutturaux de fauves intergalactiques, hurlant le désespoir du désir.

Ce qu'on appelle la « campagne » un soir d'été, c'est le souk interespèces le plus bariolé et bruyant, remuant d'énergie industrieuse, c'est un Times Square autre qu'humain un lundi matin

– et les modernes sont assez fous, leur métaphysique assez autoréalisatrice, pour y voir un silence qui ressource, une solitude cosmique, un espace apaisé. Un lieu vide de présences réelles, et muet. Quitter la ville, alors, ce n'est pas bucoliquement s'éloigner des bruits et des nuisances, ce n'est pas aller vivre à la campagne, c'est aller vivre *en minorité*. Dès que la nature est dénaturalisée – non plus un aplat continu, un décor d'une seule pièce, un fond sur lequel se jouent les tribulations humaines –, dès qu'on retraduit les vivants en êtres et non plus en choses, alors le cosmopolitisme multispécifique devient submergeant, presque irrespirable, écrasant pour l'esprit : on est entrés en minorité. Cure de bon aloi pour les modernes, qui ont pris la mauvaise habitude de transformer tous leurs « autres » en minorités.

CRÉDITS ICONOGRAPHIQUES

Portraits d'Ali Rebeihi au trait : © Julie Bourges.
p. 17 : © Everett Collection/Shutterstock ; p. 18 : © Everett Collection/Shutterstock ; p. 21 : © Freepik ; p. 30 : © Alexander_P/Shutterstock ; p. 41 : © Marzufello/Shutterstock ; p. 43 : © Alex74/Shutterstock ; p. 66 : © Naci Yavuz/Shutterstock ; p. 67 : © Morphart Creation/Shutterstock ; p. 68 : © Morphart Creation/Shutterstock ; p. 69 : © howcolour/Shutterstock ; p. 81 : © Alex74/Shutterstock ; p. 94 : © Alexander_P/Shutterstock ; p. 106 : © Sokolov design ; p. 121 : © Alexander_P/Shutterstock ; p. 122 : © Alex74/Shutterstock ; p. 123 : © Uncle Leo/Shutterstock ; p. 124 : © Alexander_P/Shutterstock ; p. 125 : © Alexander_P/Shutterstock ; p. 126 : © Alexander_P/Shutterstock ; p. 151 : © Alexander_P/Shutterstock ; p. 162 : © Alexander_P/Shutterstock

Cet ouvrage a été composé et mis en page
par Nord Compo à Villeneuve-d'Ascq

Imprimé en France par CPI
en mai 2022
N° d'impression : 3048465

Pocket – 92 avenue de France, 75013 PARIS

S32427/01